本研究系四川省社会科学院"四川系列读本"
专项课题的最终成果

四川法治

读本

SICHUAN FAZHI DUBEN

四川省社会科学院组织编写

郑泰安／主　编

郑文睿／副主编

四川大学出版社

项目策划：邱小平　陈克坚
责任编辑：陈克坚
责任校对：傅　奕
封面设计：墨创文化
责任印制：王　炜

图书在版编目（CIP）数据

四川法治读本 / 四川省社会科学院组织编写 . 一 成
都 ： 四川大学出版社，2021.6
　（四川系列读本）
　ISBN 978-7-5690-3146-1

　Ⅰ . ①四… Ⅱ . ①四… Ⅲ . ①社会主义法制－四川
Ⅳ . ① D927.71

　中国版本图书馆 CIP 数据核字（2021）第 088682 号

书名　四川法治读本

组织编写	四川省社会科学院
主　　编	郑泰安
副 主 编	郑文睿
出　　版	四川大学出版社
地　　址	成都市一环路南一段 24 号（610065）
发　　行	四川大学出版社
书　　号	ISBN 978-7-5690-3146-1
印前制作	四川胜翔数码印务设计有限公司
印　　刷	四川盛图彩色印刷有限公司
成品尺寸	170mm×240mm
插　　页	2
印　　张	15
字　　数	211 千字
版　　次	2021 年 6 月第 1 版
印　　次	2021 年 6 月第 1 次印刷
定　　价	90.00 元

四川大学出版社
微信公众号

序 言

　　《法治中国建设规划（2020—2025年）》提出："法治是人类文明进步的重要标志，是治国理政的基本方式，是中国共产党和中国人民的不懈追求。法治兴则国兴，法治强则国强。"四川省近年来已取得丰硕的法治建设成果，还将进一步采取多项举措全面推进依法治省。为较为全面地反映我省法治状况和成就，我们编写了本书以飨读者。

　　本书融合"规范""价值"和"事实"三个维度对四川法治建设展开叙述。其中，所涉及的"规范"维度，侧重形而中的合法性要素，不仅以相关法律法规规章作为衡量依据，还以党内规范性文件作为评判依据。所涉及的"价值"维度，侧重形而上的合理性要素，以社会主义核心价值观为指引，对相关制度、法治措施等开展逻辑思辨性讨论。所涉及的"事实"维度，侧重形而下的实效性要素，关心相关制度、法治措施等的实施效果及取得的法治建设成就。"规范""价值"和"事实"这三个维度的有机融合，贯穿了本书的始终。

　　此外，本书还具有一定的特色：一是采用增强说服力的实证研究方法。为更好地说明四川法治状况和成就，经由实例引入、数据分析、问卷调查、

走访座谈等实证研究方法的运用，以第一手素材和翔实的数据图表进行全方位展示与深度剖析。二是采用全域覆盖加突出特色的架构。除了关注科学立法、严格执法、公正司法、全民守法等法治的方方面面，还围绕涉藏地区法治、地震灾后重建法治、中国（四川）自贸试验区法治建设来凸显四川的法治贡献。三是采用体系化与类型化的思考方式，将全书内容分为三个版块十二个部分，形成纵深推进法治四川建设的全景式"拼图"与立体式"记录"。

谨以本书献礼中国共产党成立一百周年！

目　录

法治微观篇

第一章　反腐倡廉法治的四川成果…………………………003

第二章　知识产权保护的四川创新…………………………025

第三章　民营经济营商环境法治的四川发展………………043

第四章　消费者权益保护法治的四川样态…………………063

法治宏观篇

第五章　地方立法的四川样本………………………………083

第六章　政府法治的四川实践………………………………101

第七章　司法改革的四川成效………………………………119

第八章　金融法治的四川践行………………………………137

第九章　社会法治的四川范例………………………………157

法治特色篇

第十章　涉藏地区法治的四川特色 ⋯⋯⋯⋯⋯⋯⋯⋯⋯⋯ 181

第十一章　地震灾后重建法治的四川经验 ⋯⋯⋯⋯⋯⋯⋯⋯ 201

第十二章　中国（四川）自由贸易试验区建设的四川范本 ⋯⋯ 219

参考文献 ⋯⋯⋯⋯⋯⋯⋯⋯⋯⋯⋯⋯⋯⋯⋯⋯⋯⋯⋯⋯⋯⋯ 230

后　记 ⋯⋯⋯⋯⋯⋯⋯⋯⋯⋯⋯⋯⋯⋯⋯⋯⋯⋯⋯⋯⋯⋯⋯ 232

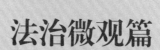

法治微观篇

四川法治读本

第一章
反腐倡廉法治的四川成果

一、突出四川特色和四川优势，构建一体化反腐倡廉新体制新机制

中共四川省纪委、四川省监察委员会遵循党的十八大和十九大精神，在习近平新时代中国特色社会主义思想指引下，围绕和服务于四川省委省政府中心工作，全面构建全川一体化反腐倡廉新体制、新机制。中共四川省纪委、四川省监察委员会坚持标本兼治惩贪治腐，结合四川特色和四川优势，从制度建设、组织建设、思想建设、作风建设、执纪问责建设、纪律执行建设等方面出真招、出实招，探索积累了不少成功的经验和做法，取得了四川省全面治党工作的历史性进步，从政治保障和组织保障方面塑造了风清气正、健康向上、团结奋斗的治蜀兴川的政治生态和社会生态。

（一）完成新时代纪检监察机构改革，健全融合完善四川省纪检监察体系

2018年2月2日，四川省监察委员会正式挂牌，标志着中共四川省纪委和四川省监察委员会一同迈入新的征程。按照国家部署，四川省监察委员会站在省一级党和国家机构改革的高度，统筹党的纪律检查体制改革、国家监察体制改革和纪检监察机构改革全省一体化推进，在此基础上运筹工作、职责和人员的统一规范，达成机构人员职能的高度融合。

1.理顺机构，明确人员，确定岗位

图1-1　四川省监察委员会正式成立（图片来源：廉政瞭望）

　　2018年四川省监察委员会实现省市县三级监委的组建和人员转隶任务的完成。《中国共产党四川省第十一届纪律检查委员会第三次全体会议工作报告》的数据显示，共划转编制3120人、转隶干部2333人，监察对象达到216万人，较改革前增加272.4%。四川省监察委员会从制度制定方面理顺监察机关与司法机关、执纪与执法的机制衔接和工作运作，制度涵盖过渡衔接、综合运行、业务运转、措施使用和协作配合等五个方面。四川省监察委员会利用职能分离以及部门分设的途径，全部实现省市县纪委监委监督检查以及审查调查的机构改革和职能明确。不仅是纪委监委机构改革和职能明确，四川省监察委员会还在全省105个党和国家机关派驻42个纪检监察组，同时加大对省管企业和省属高校的纪检监察组织建设改革。《中国共产党四川省第

十一届纪律检查委员会第三次全体会议工作报告》的数据，截至2018年12月底，四川省监察委员会的监察权延伸覆盖全省所有乡镇（街道），全省已完满实现县一级纪委监委派驻机构的全覆盖。与此同时，四川省监察委员会还对省管企业和省属高校实现直接领导和统一管理。截至2019年1月底已完成对18户省管企业、28所省属高校纪检监察组的派驻，在四川省全省范围内真正实现了独立和权威的纪检和监察监督权力实施。

2.主体明责，考核履责，检查问责

四川省监察委员会创新纪律严明、举措详尽、党委领导下的反腐败工作决策体制机制，制定并细化主体责任明确、履职考核全面、检查督促翔实的明责、履责、问责考核追究机制。首先从省级主体落实反腐倡廉责任清单，颁布实施《四川省贯彻〈党政机关厉行节约反对浪费条例〉实施细则》《关于落实党风廉政建设党委主体责任和纪委监督责任的意见（试行）》《关于全面落实纪委监督责任的实施意见（试行）》《关于进一步推动县（市、区）党委党风廉政建设落实主体责任的意见》和《四川省党风廉政建设党委主体责任追究办法（试行）》，具体量化落实主要领导"第一责任人"的责任和领导班子成员的"一岗双责"。同时56个省直单位从横向管理角度，从各行业各部门的特点出发，各自制定有具体考核要求的、围绕本部门的、实际的反腐倡廉责任清单，从规章制度上夯实主体责任和监督责任，做到了56个省直单位责任清单全覆盖。21个市州党委从纵向管理角度，按照各地的具体实际建立相应工作机制。通过全省各省直单位书记、各市（州）委书记和纪委书记签订"两个责任"承诺书，四川省监察委员会做到在全省行政区域内从严治党主体考核和追责责任一个也不能少。

3.锻炼队伍，打磨本领，认真履职

四川省监察委员会在全省纪检系统内开展大学习、大培训，以懂政治、强业务锻炼纪检监察干部队伍。首先把纪检监察干部队伍政治建设放在第一位，认真学习党章党规党纪，做到每一个人都要做到讲政治、守纪律、有担当。学深学透宪法精神，着力培养法治思维，注入纪法贯通意识，打造一支政治素养高、纪法兼通的专业队伍，提高纪检监察干部队伍反腐倡廉工作的法治化水平。四川省监察委员会为适应新时代对纪检监察系统的新挑战新机遇，用四个"新"对纪检监察队伍建设提出具体要求：一是要有新本领，要培养精准调查本领、精准核查本领、精准监督本领；二是要有新思考，要适应新时代的变化发展，切实增强学习思考能力；三是要有新作为，要勇于创新，通过勤于学习、实战锻炼，不断总结新的工作经验，创造新的辉煌；四是要有新要求，要在新的时代、新的征程严于律己，认真履职，不辱"新使命"。

（二）从省情出发构筑全省巡视巡察总体布局，建立从巡视到巡察的省内行政区域横向全覆盖、省直部门纵向全链接

图1-2 四川省委巡视机构干部大会（图片来源：四川省委巡视办）

1.形成本土特色的巡视巡察机制制度

为了深化彰显政治巡视的利剑作用，四川省巡视巡察机构结合省情，先后颁布实施了《中共四川省委巡视工作办法》《四川省巡视成果运用办法（试行）》《四川省委巡视组信访工作办法（试行）》《四川省市（州）、县（市、区）党委巡察工作办法》《四川省委巡视机构选聘选派干部任职挂职实施办法（试行）》《中共四川省第十一届委员会巡视工作规划（2017—2022年）》等巡视巡察政策文件。这些规范性文件明确了巡视巡察工作的目标与定位、巡视巡察的职责与任务、巡视巡察的工作方式方法，以及相应的组织保障，从制度层面保证和强化了巡视巡察工作制度化、规范化开展。

2.推进市县常规政治巡视和专项政治巡察

从四川省委2004年开始第一轮对市（州）、县（市、区）、省直部门及高校和国企的常规巡视巡察至今，巡视巡察工作已完成四轮。截至2019年10月14日，十一届四川省委第五轮巡视已全部完成进驻。市（州）、县（市、区）、省直部门及高校和国企的常规巡视巡察制度的实施，标志着四川省已经构筑好省市县三级政治巡视巡察监督大格局：已圆满完成在全省全面铺开反腐倡廉巡视巡察工作，将党内巡视巡察利剑延伸到最后一公里。在省市县三级常规政治巡视巡察中，巡视组把巡视巡察的重点放在政治纪律执行情况、群众反映集中的问题、重点领域和重点行业腐败问题以及涉及党政机关选人用人、纪律作风和执法执纪方面存在的突出问题。省市县三级巡视巡察制度严格做到巡视巡察前、巡视巡察中、巡视巡察后都有针对性的措施和方法，对于发现和遇到的问题，做到件件事情都有解决和落实。截至2020年，四川省省市县三级常规巡视巡察已完成四轮，已完成对351个部门单位的常规巡视巡察工作，发现线索问题1万余件，行政区域和部门覆盖20多个市（州）、200个县（市、区）、近100个省直部门（单位）、30个国企、30个高校。在2018

年脱贫攻坚专项巡视巡察中，四川省委在省一级成立12个专项巡视组，在116个市县成立专项巡察组，巡视巡察全省12个脱贫攻坚相关职能部门和40个县（市）的12个极度贫困地区，在巡视巡察过程中发现各类扶贫违法违纪问题1100多个，各级领导干部违法违纪线索540多条，立案查处220人。

3.构筑时空结合内外结合的"三维"巡视巡察空间

四川省"三维"巡视巡察空间的时空结合是指巡视巡察工作空间范围覆盖全省党政机关、各行各业、城市农村多空间，时间范围包括整个巡视巡察，涵盖巡视巡察事前、巡视巡察事中、巡视巡察事后多时段；内外结合是指巡视巡察整个过程中巡视巡察组与被巡视巡察部门负责人共同承担巡视巡察责任、共同完成巡视巡察整改成效的"双责任制"。"三维"巡视巡察空间还体现在得到巡视巡察反馈后，省纪委监委针对巡视巡察存在的普遍性问题，强化巡视巡察整改的日常监督工作，并针对普遍性集中性问题，会同有关部门进行全省性专项整治。通过四轮常规政治巡视和专项政治巡察，四川省利用多时空多领域的"三维"立体巡视巡察机制，对全省执行全面从严治党"两个责任"情况、执行重大决策部署情况、执行党建工作责任情况、执行各类监督检查、执行问题整改情况进行全方位的监督检查，查找原因，堵住漏洞，寻找解决的办法，全省相关地区和部门在此基础上完善各类规章制度近万项。

（三）结合四川特色，细化党风廉政建设目标考核，准确适用监督执纪"四种形态"，做到四川省反腐倡廉工作责任化常态化

1.细化党风廉政建设目标考核责任

四川省纪委监委细化党风廉政建设目标清单，把反腐倡廉和日常监督工作分解为党员干部的具体工作任务。《中共四川省委关于加强和规范党内政

治生活　严格党内监督　巩固发展良好政治生态的决定》将四川省委、省政府领导班子成员到各县（市、区）委政府领导班子成员纳入具体负责相关领域党风廉政建设和反腐败工作目标考核，全程记录反腐倡廉纪实工作，各级党委的领导班子成员向同级纪委述责述廉。对全省21个市（州）、183个县（市、区）每年由四川省纪委监委开展两次党风廉政建设社会评价，结果占比达到目标责任制考核的30%。同时为了更好地配套目标责任制考核，四川省纪委监委实施《四川省党风廉洁建设党委主体责任追究办法（试行）》，对党委领导班子成员实行主体责任追究终身制，规定对完成责任清单不力、落实党风廉洁建设社会评价不高的责任主体实行批评教育、责令作出书面检查、通报批评、诫勉、组织调整或者组织处理、纪律处分等6种责任追究方式。自四川省党风廉政建设目标考核责任实施以来，因执行全面从严治党主体责任不力，1033名党组织或领导干部被追责；因执行监督责任不力，437名纪检监察干部被追责。

2.准确适用监督执纪"四种形态"

"四种形态"是常态化的监督执纪方式，在日常工作中进行管和治，是从对少数人的"惩治"延伸到常态化的"管住大多数"。2017年四川省委颁布实施《关于在省一级开展谈话提醒工作的实施方案》，省委、省政府主要领导同志率先约谈提醒动真格。从上到下，全省各级党组织主要负责人按照要求，开展约谈、述责述廉、批评和自我批评，以及常态化的"红脸出汗"。四川省纪委监委和司法机关以及组织部门完善案件通报及协商机制，通力合作，准确运用"四种形态"。四川省纪委监委和司法机关以及组织部门完善案件通报及协商机制的统计数据显示，2015年以来四川省各级纪委监委运用"四种形态"共处理100000余人次，其中，第一种形态56000多人次，第二种形态37000多人次，第三种形态9500多人次，第四种形态2700多人次。

同时在日常监督执纪工作中，四川省纪委监委还建立了全省纪检监察系统检举举报平台，部分市县纪委监委也建立了大数据监督平台，以便更好地完成日常监督执纪，在问题刚一冒出时就准确运用监督执纪"四种形态"，把问题整改在最初阶段，既治标更治本，使全省腐败惩治和预防常态化。

（四）打造蜀地清风，运用多种形态多种资源重塑"不想腐不能腐不敢腐"的四川廉洁文化

1.打造廉洁新媒体平台

"廉洁四川"是四川省纪委监委联合四川新闻网传媒集团于2013年打造的全新廉洁新媒体平台，依托网络运作，用平实的语言、生动的图片、百姓喜闻乐见的形式多层面、全方位展示四川党风廉政建设和反腐败工作成就，表彰先进典型和宣传廉洁文化，媒体内容包含通报曝光、审查调查、工作集锦、阳光问廉、专题荟萃、蜀地清风等九大专业板块。根据中华网《四川省纪委网站推出"网上纪检这一年"》的专题报道，"廉洁四川"网站开通后受到广大网民热捧，一年内完成1亿次总访问量、30万次日访问量，刊载各类信息6300余条、专题近40个，权威案件发布80余个，受理网络信访举报近16000件，成果惊人。其中2016年全面推开的"阳光问廉"受到广大网民广泛的关注。"阳光问廉"通过全媒体直播，以官员现场回答和解决老百姓最关心和最棘手的民生难题和老百姓反映的"四风"问题的形式，不回避不掩饰问题和矛盾，通过"曝光+发问+整改+问责"的"问廉"途径，探索"纪检监督+群众监督+舆论监督"。根据新华网《四川："阳光问廉"3年问责2218人》的报道，截至2018年，全省21个市（州）均开展了"阳光问廉"，通过"阳光问廉"节目，全省已问责近2300人，党纪政务处分近1100人，取得很好的政治效果和法律效果。

四川法治读本
SICHUAN FAZHI DUBEN

2.培育廉政文化品牌基地

在四川省纪委监委和省委宣传部的倡导推动下，四川各地突出文化特色，注重古今结合，明确廉洁精神内核，以点带面培育了一批廉政文化品牌基地。第一批24个省级廉政文化基地已"新鲜出炉"，涵盖了眉山三苏祠、邓小平故里、川北家风馆、川陕革命根据地红军烈士陵园、攀枝花中国三线建设博物馆等。同时挖掘历史文化廉政元素，比较著名的有泸州市尧坝周公馆周氏家训里的"为官清廉、报国为民"的自律奉献精神。宜宾市李庄在抗战期间以一纸电文"同大迁川，李庄欢迎，一切需要，地方供给"迎来了国立同济大学、中央研究院、中央博物院及中国营造学社等十余所高等学府及科研机构，形成至今仍令人称颂的"开放、和谐、融合、包容"的李庄精神。阆中市古贡院以"科场舞弊皆有常刑，告小人毋撄法网；平生关节不通一字，诫诸生勿听浮言"等廉政对联，谆谆告诫和教育警示后人。

3.提炼红色廉洁文化元素

四川省省级红色廉政文化基地有飞夺泸定桥遗址、仪陇县朱德故居、巴中·中国工农红军石刻标语园、石棉县安顺场、乐至县陈毅故居、旺苍中国红军城、中江县黄继光纪念馆、自贡自流井卢德铭烈士故居、张爱萍故居（达州市神剑园）和宜宾县赵一曼故居等。四川省省级红色廉政文化基地打造博物馆、廉政文化长廊、专题展厅、理论刊物，形成廉政教育培训专线，通过声、光、电等各种媒介诠释和传承红色廉政文化勇于牺牲、敢于奉献的担当精神，团结群众、依靠群众的宗旨意识，严明纪律、执纪如铁的价值追求，借此宣传红色文化中的忠诚、为民、责任、清廉等廉政思想。

二、四川反腐倡廉的主要法治成果

（一）总体情况

四川省是党的十八大以来最早掀起反腐风暴的省份。从党的十八大后全国第一个被调查的省部级以上官员——四川省委原副书记李春城开始，四川省便掀起了空前的反腐风暴。继李春城之后，郭永祥、李崇禧等数十名四川各地和部门主政大员的相继落马，使四川一度成为最多副省级官员落马的省份。从四川反腐的态势看，强力惩办窝案的特征非常明显，查处的力度和范围不设置上限，坚决彻查到底，就像对周永康系列窝案一样，老虎苍蝇一起抓，务求一网打尽。彻底肃清周永康流毒影响，扎实推进李春城、郭永祥、李崇禧、谭力、蒲波、彭宇行等严重违纪违法案"以案促改"工作。党的十八大以来，四川反腐力度从未消减，始终保持惩治腐败的高压态势，全省政治生态持续发生可喜变化，党风廉政建设和反腐败工作取得显著成效。

党的十八大后的第一个五年，经过不懈努力，四川党风廉政建设社会评价指数由2012年的82.75上升至2016年的84.81，实现可喜的"五连升"。与人民群众满意度稳步上升相对应的是全省纪检机关接受检举控告类信访举报数量的明显下降——2015年和2016年连续下降32.5%和14.5%。这一升一降间的趋势变化正是四川反腐倡廉法治建设成效的一大明证。根据中国共产党四川省第十届纪律检查委员会向中国共产党四川省第十一次代表大会所做工作报告的统计数据，2012—2016年四川反腐倡廉的主要法治成果如表1-1、表1-2所示。

表1-1 2012—2016年四川反腐倡廉的相关法治成果[①]

项目	成果
全省纪检机关立案	72061 件、处分 71350 人
移送司法机关	3069 人
立案审查市厅级干部	269 人
立案审查县处级干部	2726 人
查处违反政治纪律案件	602 件
查处落实"两个责任"不力问题	1607 个，处理 1863 人（单位），处分 787 人，通报曝光典型案件 662 起
查处违反中央八项规定精神问题	4152 起 5022 人，处分 4046 人，省纪委通报曝光 191 起
乡镇纪委执纪审查覆盖率	93.2%
出具党风廉政意见	369315 人（次）
取消党风廉政建设社会评价排名靠后的党政领导班子及成员评先评优资格	5 个市（州）、15 个县（市、区）
约谈市（州）、县（市、区）党委主要负责人	13 人（次）
"叫停"拟提拔使用干部	3091 名
省委巡视办出具巡视意见	1542 人（次）
巡视发现问题线索	10564 件
纪检机关根据移交问题线索立案审查省管干部	37 名
为党员干部澄清是非	20018 名
集中整治私设"小金库"、违规公款旅游吃喝等	共性问题 21 项、个性问题 491 个
全国率先一次性撤销廉政账户	141 个
查处基层不正之风和腐败问题	21149 起，处分 22922 人
审查纪检干部	立案 719 人，处分 626 人，通报典型案件 29 起
向省一级机关派驻纪检组	42 家
中央驻川单位	立案 993 件，查处违纪党员干部 1788 人
制发警示教育片	3.95 万套
编发忏悔实录系列教育读本	29.4 万册
组织党员干部到省法纪教育基地接受警示教育	13.2 万人

---

① 数据来源于王雁飞：《纵深推进全面从严治党　巩固发展良好政治生态　为建设美丽繁荣和谐四川提供坚强纪律保证——中国共产党四川省第十届纪律检查委员会向中国共产党四川省第十一次代表大会的工作报告摘要》，http://my.newssc.org/system/20170527/002189031.html，访问于2020年4月27日。

表1-2 2015—2016年四川反腐倡廉的成效①

项目	成果
全省运用"四种形态"处理	88208 人次
全省谈话函询	41361 件
省纪委通报不如实说明问题的省管干部	8 名
严格规范处置问题线索	94280 件（次）

2017年，四川省党风廉政建设社会评价指数达85.87，同比上升1.06%，实现党的十八大以来的"六连升"。全省纪检监察机关立案数同比上升35.2%，位居全国第7位。信访举报总量进一步下降，在全国的排位由2016年的第6位大幅下降至2017年的第15位，同比下降22.5%，其中检举控告类信访举报量在2015年和2016年连续两年下降的基础上再度下降3.7%，党风廉政建设和反腐败工作取得新进展新成效。根据中国共产党四川省第十一届纪律检查委员会第二次全体会议决议的统计数据，2017年四川反腐倡廉的主要法治成果如表1-3所示。

表1-3 2017年四川反腐倡廉的主要法治成果②

项目	成果
党风廉政建设社会评价指数	85.87
立案审查厅（局）级干部	45 名
立案审查县处级干部	843 名
查处违反中央八项规定精神问题	1953 起，处分 2113 人，同比分别增长 88.5% 和 84.22%

---

① 数据来源于王雁飞：《纵深推进全面从严治党 巩固发展良好政治生态 为建设美丽繁荣和谐四川提供坚强纪律保证——中国共产党四川省第十届纪律检查委员会向中国共产党四川省第十一次代表大会的工作报告摘要》，http://my.newssc.org/system/20170527/002189031.html，访问于2020年4月27日。

② 数据来源于《中国共产党四川省第十一届纪律检查委员会第二次全体会议决议》，http://www.scjc.gov.cn/7mSVeUUgg/detail，访问于2020年4月27日；《聚焦省纪委十一届二次全会》，http://www.scjc.gov.cn/fmyNVWkPU/detail，访问于2020年4月27日；《因扶贫领域腐败和作风问题 2017年四川2477人受纪律处分》，http://www.sc.gov.cn/10462/10464/10797/2018/1/17/10442877.shtml，访问于2020年4月27日。

续表1-3

项目	成果
省纪委直接发函督办"零查处"违反中央八项规定精神问题的县(市、区)	47个
查处"两个责任"落实不力的问题	1320个,问责党组织和党员领导干部2115人(个)
查处妄议中央、对抗组织审查、两面派两面人等问题	320起
运用监督执纪"四种形态"处理	59274人次
"四种形态"各形态占比	56.4%、35%、4.8%、3.8%
对中央环保督察组移交问题线索	问责1377人,处分412人
扶贫领域"3+X"突出问题专项整治立案查处	1897件,处分2477人
立案查处"微腐败"	7271件,处分9004人
省纪委通报曝光典型案件	49起,81人
轻微违纪干部主动说清问题并上缴违纪款	10091名,4666万元
公开清退返还群众款物	880余万元

2018年,四川省进一步深化党风廉政建设社会评价工作,社会评价指数达到86.02,实现党的十八大以来的"七连升"。这一年是党的纪律检查体制改革、国家监察体制改革和纪检监察机构改革的关键性转折之年,四川省各级纪检监察机关以深化纪检监察体制改革为牵引,积极探索创新衔接贯通的各项制度和工作机制,反腐倡廉不松劲不停步。严肃查处严春风、青理东、杨跃、许述生、周介铭等严重违纪违法案件。纪检监察工作取得新成效,全省政治生态呈现新气象。根据王雁飞在中国共产党四川省第十一届纪律检查委员会第三次全体会议上的工作报告的统计数据,2018年四川反腐倡廉的主要法治成果如表1-4所示。

表1-4 2018年四川反腐倡廉的主要法治成果[①]

项目	成果
党风廉政建设社会评价指数	86.02

---

① 数据来源于王雁飞:《推动新时代纪检监察工作高质量发展 全力构建风清气正良好政治生态——在中国共产党四川省第十一届纪律检查委员会第三次全体会议上的工作报告》,https://www.sohu.com/a/303982690_100232553,访问于2020年4月27日。

项目	成果
全省纪检监察机关立案	30219 件，处分 28998 人
立案审查调查厅局级干部	66 人
立案审查调查县处级干部	984 人
查处违反政治纪律问题的人员	334 名
查处重大生产安全事故、统计违法等背后责任问题	3523 件，处分 2187 人
查处违反中央八项规定精神问题	2892 起，处分 3081 人
查处落实"两个责任"不力问题	党组织 1052 个、领导干部 2818 人
省市县三级监委组建和人员转隶	划转编制 3120 名，转隶干部 2333 人
监察对象	216 万人（较改革前增加 272.4%）
派驻机构	立案 421 件，处分 411 人
点名道姓通报曝光典型案件	41 起
通报批评曝光典型案件数量较少的市县	3 个市（州）、10 个县（市、区）
纪检监察机关接受信访举报、处置问题线索	66517 件次、72602 件次
运用监督执纪"四种形态"处理	76917 人次
"四种形态"占比	61.3%、31.7%、3.7%、3.3%
谈话函询	31147 人次，占线索处置方式总次数 20.2%
省纪委监委回复党风廉政意见	1009 人次
开展"阳光问廉"	309 场
问责庸政懒政、不担当不作为慢作为等群众反映强烈问题	2769 人
正风肃纪集中督查发现并督促整改问题	136 个
常规巡视发现并督促整改问题	1311 个
常规巡视移送问题线索	224 件
纪检监察机关根据巡视移交问题线索立案审查	31 人
扶贫领域专项巡视发现问题	1103 个
省直部门巡察试点	7 个
市县党委巡察党组织	4024 个，发现问题 64157 个
省一级发函督办整改不到位、不扎实单位	6 家
省纪委通报曝光典型案例	62 起
查处群众身边腐败和作风问题	18368 件，处分 14963 人

项目	成果	
扶贫领域"3+X"突出问题专项整治	查处突出问题8537个，处分7204人	
"一卡通"管理问题专项治理	违纪违规问题资金	22.53亿元
	处分	1949人
	追缴退赔	8098万余元
	清退返还群众	2359万余元
	限期内主动说清问题	24972人
查处涉黑涉恶腐败和"保护伞"问题	694起，处分655人，移送司法机关97人	
省纪委监委机关直接了结问题线索	352件	
纪委监委系统内部督察发现并反馈整改问题	406个	
审查纪检监察干部	受理问题线索	1510件
	谈话函询	798人次
	立案审查调查	243人
	处分	190人
	移送司法机关	11人
新追回外逃人员	18名	
培育命名省级廉洁文化基地	24个	

2019年，四川省各级纪检监察机关推动日常监督制度化、规范化、系统化，强化长期监督，始终保持正风肃纪反腐的高压态势。推进蒲波、彭宇行等严重违纪违法案"以案促改"工作。严肃查办了资阳市委原书记陈吉明，省冶金地质勘查局原党委书记、局长何兴江，省交通投资集团原党委书记、董事长雷洪金等一批有影响力的案件。进一步巩固发展良好的政治生态，全省党风廉政建设和反腐败斗争取得新的显著成效。根据王雁飞在中国共产党四川省第十一届纪律检查委员会第四次全体会议上所做工作报告的统计数据，2019年四川反腐倡廉的主要法治成果如表1-5所示。

表1-5　2019年四川反腐倡廉的主要法治成果①

项目	成果	
全省纪检监察机关	接受信访举报	70023 件（次）
	处置问题线索	70356 件
	立案	30613 件
	党纪政务处分	28712 人
	涉嫌犯罪移送检察机关	1023 人
立案审查调查厅局级干部	78 人	
立案审查调查县处级干部	1020 人	
查处弄虚作假、阳奉阴违、失职失责等问题	3495 件，处分 2176 人	
查处违反政治纪律和政治规矩人员	549 名	
查处违反中央八项规定精神问题	2909 个，处分 2894 人，点名道姓通报曝光 3592 人	
查处落实"两个责任"不力问题	2292 个，问责党组织 858 个、党员领导干部 2124 人	
查处形式主义、官僚主义相关问题	4813 起，处分 4146 人	
专项整治党员干部"赌博敛财"问题	立案 1632 件，处分 1383 人	
专项整治党员干部利用地方名贵特产谋取私利问题	立案 579 件，处分 509 人	
查处扶贫领域腐败和作风问题	5340 起，处分 4347 人	
涉农保险补贴问题专项治理	立案 440 件，处分 385 人，收缴违纪违法资金 1.37 亿元	
查处涉黑涉恶腐败和"保护伞"问题	立案 1349 件，处分 1194 人，涉嫌犯罪移送检察机关 153 人	
运用"四种形态"处理	82569 人（次）	
"四种形态"中各形态占比	64.2%、28.7%、3.5%、3.6%	
省纪委监委回复党风廉政意见	1250 人（次）	
市县两级党委巡察	党组织	4928 个
	延伸巡察村级党组织	14194 个
	发现问题	68407 个
	移送问题线索	5046 件
	纪检监察机关立案	1589 人
在省直部门开展巡察试点	7 个	
省纪委监委领导班子成员开展党风廉政建设宣讲	26 场	
播出"阳光问廉"节目	294 期	
主动投案	516 人	
追回外逃人员	29 名	

---

① 数据来源于王雁飞：《完善监督体系　提高治理效能　为与全国同步全面建成小康社会提供坚强保障——在中国共产党四川省第十一届纪律检查委员会第四次全体会议上的工作报告》，http://www.ljcd.gov.cn/show-19-71473-1.html，访问于2020年4月27日。

项目	成果
新增外逃人员	0
系统内部督察立案审查调查严重违纪违法案件	182 件，处分 176 人，涉嫌犯罪移送检察机关 4 人
到省法纪教育基地接受现场教育	661 个单位，3.7 万余人（次）
直接了结省管干部问题线索	236 件

（二）重点领域

1.扶贫领域

党的十八大以来，四川省各级党委、纪委以零容忍的态度严惩扶贫领域腐败行为，把扶贫领域腐败问题作为基层巡察、专项整治的重点。自2016年开展脱贫攻坚以来，省纪委先后下发了7个文件，将专项整治作为制度性安排和经常性手段，在全省范围内持续集中开展多轮扶贫领域突出问题专项整治。主要采取发函督办、当面交办、重点督办等方式，加强扶贫领域腐败和作风问题线索重点督办。2018年是"扶贫领域作风建设年"，也是扶贫领域腐败和作风问题专项查处年。2019年是"脱贫攻坚纪律作风保障年"。四川省各级纪检监察机关始终坚持严肃查处扶贫领域腐败问题，并将其作为监督执纪问责工作的重中之重。在一线监督的过程中，积极探索运用现代信息技术手段，借力"互联网+"、大数据手段，紧盯扶贫领域突出问题，为监督插上科技的翅膀，提升监督水平和实效。根据中国共产党四川省第十届、十一届纪律检查委员会年度工作报告的相关统计数据，四川扶贫领域反腐倡廉的主要法治成果如表1-6所示。

表1-6 四川扶贫领域反腐倡廉的主要法治成果①

项目		成果			
		2016 年	2017 年	2018 年	2019 年
查处扶贫领域腐败和作风问题		3199 件, 处分 3567 人			5340 起, 处分 4347 人
"三集中"专项查处行动	集中处置问题线索	854 件			
	集中查处违纪问题	379 件			
	集中通报曝光典型问题	139 件			
扶贫领域"3＋X"突出问题专项整治	查处贪污侵占、截留挪用、虚报冒领、强占掠夺、不担当不作为等突出问题		1897 个, 处分 2477 人	8537 个, 处分 7204 人	
	约谈提醒查处问题排名靠后的贫困县(市、区)纪委书记			16 人	

① 数据来源于王雁飞：《纵深推进全面从严治党 巩固发展良好政治生态 为建设美丽繁荣和谐四川提供坚强纪律保证——中国共产党四川省第十届纪律检查委员会向中国共产党四川省第十一次代表大会的工作报告摘要》，http://my.newssc.org/system/20170527/002189031.html，访问于2020年4月27日；《中国共产党四川省第十一届纪律检查委员会第二次全体会议决议》，http://www.scjc.gov.cn/7mSVeUUgg/detail，访问于2020年4月27日；《聚焦省纪委十一届二次全会》，http://www.scjc.gov.cn/fmyNVWkPU/detail，访问于2020年4月27日；《因扶贫领域腐败和作风问题 2017年四川2477人受纪律处分》，http://www.sc.gov.cn/10462/10464/10797/2018/1/17/10442877.shtml，访问于2020年4月27日；王雁飞：《推动新时代纪检监察工作高质量发展 全力构建风清气正良好政治生态——在中国共产党四川省第十一届纪律检查委员会第三次全体会议上的工作报告》，https://www.sohu.com/a/303982690_100232553，访问于2020年4月27日；王雁飞：《完善监督体系 提高治理效能 为与全国同步全面建成小康社会提供坚强保障——在中国共产党四川省第十一届纪律检查委员会第四次全体会议上的工作报告》，http://www.ljcd.gov.cn/show-19-71473-1.html，访问于2020年4月27日。

续表1-7

项目	成果			
	2016年	2017年	2018年	2019年
"一卡通"管理问题专项治理			全省共发现违纪违规问题资金	22.53亿元	建立"阳光审批"监管平台，全省范围内基本实现"一卡统"，经验做法入选中央"不忘初心、牢记使命"主题教育案例选编
			处分人数	1949人	
			追缴退赔	8098万余元	
			清退返还群众	2359万余元	
			限期内主动说清问题	24972人	
涉农保险补贴问题专项治理					立案	440件
					处分	385人
					收缴违纪违法资金	1.37亿元

2. 微腐败领域

按照中央和省委部署要求，全省各级纪检监察机关主动担当，积极作为，坚持以人民为中心的发展思想，强力整治群众身边的腐败问题，积极推进全面从严治党向基层深度延伸。全省各级纪检监察机关亮剑"微腐败"，把查处基层"微腐败"作为主要任务扎实推进，向社会释放出对"小微权力腐败"、群众身边"蝇贪"零容忍的强烈信号。深化拓展民生领域专项整治工作，严查教育、医疗、低保五保、住房、养老、涉农补贴、环境保护、征地拆迁、食品药品安全等与群众利益密切相关的民生领域痛点难点焦点问题，紧盯资金密集领域、问题突出行业，梳理排查涉农权证、农机购置补贴、农业保险、学生资助等领域，坚决查处基层干部贪污侵占、虚报冒领、截留挪用、优亲厚友等行为。创新监督方式，全面推行"阳光问廉""阳光问政坝坝会"等能够有效借助群众舆论监督力量的载体渠道，时刻警惕小官大贪。深入整治群众身边腐败和作风问题，人民群众的获得感、幸福感、安全感更加充实、更有保障。根据中国共产党四川省第十届、十一届纪律检查委员会年度工作报告的相关统计数据，四川微腐败领域反腐倡廉的主要法治成果如表1-7所示。

表1-7　四川微腐败领域反腐倡廉的主要法治成果[①]

项目	成果			
	2012—2016 年	2017 年	2018 年	2019 年
查处群众身边腐败和作风问题	21149 起，处分 22922 人	7271 件，处分 9004 人	18368 件，处分 14963 人（同比分别增长了 152.62% 和 66.18%）	
轻微违纪主动说清问题并上缴违纪款的干部		10091 名，4666 万元		
公开清退返还群众款物		880 余万元		
省纪委通报曝光典型案件		49 起，81 人	62 起	
集中整治漠视侵害群众利益的具体问题				20 项
到省法纪教育基地接受现场教育	13.2 万人			661 个单位，3.7 万余人（次）

<hr>

① 数据来源于王雁飞：《纵深推进全面从严治党　巩固发展良好政治生态　为建设美丽繁荣和谐四川提供坚强纪律保证——中国共产党四川省第十届纪律检查委员会向中国共产党四川省第十一次代表大会的工作报告摘要》，http://my.newssc.org/system/20170527/002189031.html，访问于2020年4月27日；《中国共产党四川省第十一届纪律检查委员会第二次全体会议决议》，http://www.scjc.gov.cn/7mSVeUUgg/detail，访问于2020年4月27日；《聚焦省纪委十一届二次全会》，http://www.scjc.gov.cn/fmyNVWkPU/detail，访问于2020年4月27日；《因扶贫领域腐败和作风问题　2017年四川2477人受纪律处分》，http://www.sc.gov.cn/10462/10464/10797/2018/1/17/10442877.shtml，访问于2020年4月27日；王雁飞：《推动新时代纪检监察工作高质量发展　全力构建风清气正良好政治生态——在中国共产党四川省第十一届纪律检查委员会第三次全体会议上的工作报告》，https://www.sohu.com/a/303982690_100232553，访问于2020年4月27日；王雁飞：《完善监督体系　提高治理效能　为与全国同步全面建成小康社会提供坚强保障——在中国共产党四川省第十一届纪律检查委员会第四次全体会议上的工作报告》，http://www.ljcd.gov.cn/show-19-71473-1.html，访问于2020年4月27日。

3.涉黑涉恶腐败领域

四川省各级纪检监察机关认真贯彻落实中共中央、国务院2018年1月发布的《关于开展扫黑除恶专项斗争的通知》的精神和部署，把扫黑除恶专项斗争和基层反腐"拍蝇"结合起来，深挖彻查涉黑涉恶腐败和"保护伞"。建立健全涉黑涉恶问题线索移送、核查、督办等工作机制，凡涉及重大、复杂"保护伞"问题，进行提级办理、异地管辖，对相关问题线索优先处置、快速核查、限时办结。全面收集汇总核查问题线索、查处数据并加以分析研判，拓展深度参与扫黑除恶专项斗争的监督渠道和监督方式。亮剑"村霸"、宗族恶势力以及黄赌毒背后的腐败行为。一体推进惩治腐败、打击"保护伞"、追责问责三项工作。按照"两个一律"要求，严格落实"一线双核""一案三查"。持续净化政治生态，充分体现了以人民为中心、切实维护群众利益的鲜明立场和坚定决心，以维护群众切身利益的扎实成效取信于民，不断增强人民群众的获得感、幸福感、安全感。根据中国共产党四川省第十一届纪律检查委员会第三次全体会议工作报告、第四次全体会议工作报告的相关统计数据，2018年、2019年四川反腐倡廉的主要法治成果如表1-8所示。

表1-8 四川涉黑涉恶领域反腐倡廉的主要法治成果[①]

项目	成果	
	2018 年	2019 年
查处涉黑涉恶腐败和"保护伞"问题	694 起，处分 655 人	1349 件，处分 1194 人
移送司法机关	97 人	153 人

[①] 数据来源于王雁飞：《推动新时代纪检监察工作高质量发展 全力构建风清气正良好政治生态——在中国共产党四川省第十一届纪律检查委员会第三次全体会议上的工作报告》，https://www.sohu.com/a/303982690_100232553，访问于2020年4月27日；王雁飞：《完善监督体系 提高治理效能 为与全国同步全面建成小康社会提供坚强保障——在中国共产党四川省第十一届纪律检查委员会第四次全体会议上的工作报告》，http://www.ljcd.gov.cn/show-19-71473-1.html，访问于2020年4月27日。

第二章
知识产权保护的四川创新

党的十九大报告提出"倡导创新文化，强化知识产权创造、保护、运用"。四川省坚决落实习近平总书记对知识产权领域工作任务的重要指示精神，严格贯彻省委决策部署，在知识产权保护与发展过程中取得了优良的成绩：知识产权法规政策体系逐渐健全，知识产权的持有量迅速上涨，知识产权保护水平持续提高，知识产权的营商环境愈加优化，国际影响力逐渐增强。

四川省知识产权拥有的数量和知识产权的质量都不断提高。与2017年相比，2019年，全省知识产权拥有量不断上涨（见表2-1）。2019年度全省马德里商标国际注册申请量44件，累计539件。全省2019年度比2017年度专利申请量上涨46560件，2019年度PCT国际专利申请共计444件，2019年度专利授权共计8.21万件。截至2019年，全省累计推荐22件地理标志纳入中欧地理标志合作协定清单。2019年度全省作品著作权登记共计17.1万件，居全国第四；截至2019年，全省累计共有世界非物质文化遗产7项、国家级非物质文化遗产代表性项目139项。

表2-1　四川省知识产权增量

知识产权类别	2017 年	2019 年	2019 年度较 2017 年度增长比例
专利申请量	167484	214044	127.80%
新增注册商标	93701	225100	240.23%
新登记著作权	140000	171000	122.14%
新获批地理标志保护产品	18	61	338.89%

四川知识产权事业不断发展。2011年，成都成为全国版权示范城市；2012年，成都成为全国首批知识产权示范城市；2015年，成都首批通过国家

知识产权示范城市考核验收。2015年，中央全面深化改革领导小组审议通过了《关于在部分区域系统推进全面创新改革试验的总体方案》，四川以及京津冀、上海、广东等8个区域被确定为全面创新改革试验区，科技体制创新是四川全面创新改革的一个重点。2018年，四川省和成都市双双入选首批知识产权军民融合试点。2019年，省内累计共发展出国家知识产权试点示范城市共计11个，位居西部第一；国家知识产权强县工程试点示范县（市、区）66个，位居全国第一；以及国家知识产权试点示范园区5个，国家级版权示范城市2个、单位2个、园区（基地）4个，国家知识产权优势示范企业累计共251家。不断贯彻落实职务科技成果权属混合所有制改革试点工作，45家试点单位完成分割确权551项。省内县以上建有非物质文化遗产名录10000余项，其中世界非物质文化遗产6项、省非物质文化遗产522项；累计共有国家非物质文化遗产代表性传承人69人，省非物质文化遗产代表性传承人764人。

知识产权的客体范围广、类型多，从作品、发明、实用新型、外观设计、植物新品种、商标、地理标志到集成电路布图设计、域名等，所涉及的领域多，主管的政府部门多。近年来，四川省不断推出一系列知识产权保护的地方性法规、政策，进一步完善发展了知识产权保护体系，省内知识产权地方性法规政策体系总体形成并得到进一步完善。

一、法规政策体系进一步完善

四川在知识产权领域的法规政策文件出台数量增多、措施得力、保障到位。2016年7月，省政府印发了《关于深入实施知识产权战略加快建设西部知识产权强省的意见》，明确了新时代、新形势下省内创建知识产权强省建设的总体目标和任务要求，强调了知识产权体制机制建设、坚持推进严密的知识产权保护体系、不断推进知识产权创造运用等方面的工作。该文件是四川省实施知识产权战略的重大决策部署和不断深化创新驱动发展战略的重要载体，也是在相当长的时期内四川省知识产权事业改革与发展的纲领性文件。知识产权工作纳入省政府多个发展规划或实施方案中，如《四川省"十三五"工业发展规划》《四川省"十三五"战略性新兴产业发展规划》《四川省"十三五"脱贫攻坚规划》《中国（四川）自由贸易试验区建设实施方案》《关于加快推进社会信用体系建设的意见》《关于扩大开放促进投资若干政策措施的意见》《四川省深化制造业与互联网融合发展实施方案》。

在政策领域，以《关于深入实施知识产权战略加快建设西部知识产权强省的意见》《中共四川省委关于全面创新改革驱动转型发展的决定》《四川省建设引领型知识产权强省试点省实施方案》和《关于严格知识产权保护　营造良好营商环境的意见》等为代表的一系列重要政策文件相继出台。在地方立法领域，四川省修订完善了《四川省科学技术进步条例》《四川省非物质文化遗产条例》等条例。相关单位、部门、各市州也制定了相关配套政策措施文件，进一步落实和加强知识产权保护，如四川省高级人民法院2016年出台《关于审判工作服务保障知识产权强省建设的指导意见》。该意见明确提出"要依法提高侵权代价，坚决抵制恶意侵权行为。对恶意侵权、反复侵权、侵权行为持续时间长、地域范围广、手段特别恶劣、造成非常严重后果等情节严重的侵权行为，要根据法律规定适用惩罚性赔偿"。2018年3月，四川省知识产权局联合16个省直部门出台了《关于严格知识产权保护　营造良好营商环境的意见》，意见着重强调了要不断完善两法衔接机制、完善知识产权信用体系、引入惩罚性赔偿等手段让侵权者付出沉重代价。此外，四川省连续修订了《四川省专利行政执法办案规范》《四川省专利行政处罚裁量权实施办法》《四川省工商行政管理规范行政处罚行政强制裁量权实施办法》等多个规范性文件、出台《四川省关于完善电商和展会专利执法维权机制工作方案》《关于加强农产品品牌建设的意见》《关于进一步推进商业秘密行政保护工作的意见》等多个规定，完善了新业态、新领域知识产权的有效保护，不断完善知识产权保护程度、对象和手段，不断强化知识产权执法的公开透明度，便利企业和社会公众的知情与监督，有力地震慑了侵权违法者。

四川省近年来出台的有关知识产权的主要法规政策文件见表2-2。

表2-2　四川省近年来出台的有关知识产权的主要法规政策文件

年度	名称	制定单位
2009	《四川省知识产权战略纲要》	四川省人民政府
2011	《四川省植物品种权战略（2011—2020年）》	四川省人民政府办公厅
2012	《四川省专利保护条例（修订）》	四川省人大常委会
2013	《四川省专利实施与产业化激励办法》	四川省人民政府办公厅
2013	《四川省专利实施与产业化激励办法实施细则》	四川省知识产权局
2014	《四川省规范行政执法裁量权规定》	四川省人民政府
2014	《四川省科学技术奖励办法》	四川省人民政府
2014	《四川省工商登记制度改革实施方案》	四川省人民政府
2014	《2014年四川省打击侵犯知识产权和制售假冒伪劣商品工作安排意见的通知》	四川省人民政府办公厅
2014	《四川省电子商务领域专利执法维权专项行动工作方案》	四川省知识产权局
2014	《关于加快培育和发展知识产权服务业的实施意见》	四川省知识产权局、四川省发展和改革委员会、四川省科学技术厅、四川省财政厅、四川省农业厅、四川省商务厅、四川省国家税务局、四川省地方税务局、四川省工商行政管理局、四川省质量技术监督局、四川省版权局、四川省林业厅
2014	《关于深入开展"双打""护航"专项行动进一步加强专利行政执法工作的意见》	四川省知识产权局

续表2-2

年度	名称	制定单位
2014	《四川省工商行政管理规范行政处罚行政强制裁量权实施办法》	四川省工商行政管理局
2015	《关于全面创新改革驱动转型发展的决定》	中共四川省委
2015	《关于全面推进大众创业、万众创新的意见》	四川省人民政府
2015	《中国制造2025四川行动计划》	四川省人民政府
2015	《2015年四川省打击侵犯知识产权和制售假冒伪劣商品工作安排的通知》	四川省人民政府办公厅
2015	《深入实施〈四川省知识产权战略行动计划（2016—2020年）〉的通知》	四川省人民政府办公厅
2015	《企业知识产权海外维权指引》	四川省商务厅、四川省知识产权局
2015	《关于加强职务发明人合法权益保护促进知识产权运用的实施意见》	四川省知识产权局
2015	《关于加快培育和发展知识产权服务业的实施意见》	四川省知识产权局
2015	《关于实行作品著作权免费登记的公告》	四川省版权局
2015	《关于加强职务发明人合法权益保护促进知识产权运用的实施意见》	四川省知识产权局、四川省教育厅、四川省科学技术厅、四川省经济和信息化委员会、四川省财政厅、四川省人力资源社会保障厅、四川省农业厅、四川省政府国有资产监督管理委员会、四川省国家税务局、四川省地方税务局、四川省工商行政管理局、四川省版权局、四川省林业厅
2015	《四川省专利行政执法办案规范（修订）》	四川省知识产权局
2015	《四川省专利行政处罚裁量权实施办法》	四川省知识产权局
2016	《四川省科学技术进步条例（修订）》	四川省人大常委会
2016	《四川省系统推进全面创新改革试验实施方案》	四川省委省政府
2016	《关于深入实施知识产权战略加快建设西部知识产权强省的意见》	四川省人民政府
2016	《关于落实"先照后证"改革决定加强事中事后监管工作的实施意见》	四川省人民政府
2016	《四川省促进科技成果转移转化行动方案（2016—2020年）》	四川省政府办公厅
2016	《四川省科技服务业发展规划（2016—2020年）》	四川省人民政府

续表2-2

年度	名称	制定单位
2016	《关于加快电子商务产业发展的实施意见》	四川省人民政府
2016	《关于进一步促进展览业改革发展的实施意见》	四川省人民政府
2016	《关于进一步加强文物工作的实施意见》	四川省人民政府
2016	《四川省"十三五"脱贫攻坚规划》	四川省人民政府
2016	《四川省促进外贸回稳向好十五条措施》	四川省人民政府办公厅
2016	《关于审判工作服务保障知识产权强省建设的指导意见》	四川省高级人民法院
2017	《四川省非物质文化遗产条例》	四川省人大常委会
2017	《四川省"十三五"知识产权保护和运用规划》	四川省人民政府
2016	《四川省"十三五"工业发展规划》	四川省人民政府
2016	《四川省"十三五"信息化规划》	四川省人民政府
2016	《四川省"十三五"战略性新兴产业发展规划》	四川省人民政府
2016	《四川省深化制造业与互联网融合发展实施方案》	四川省人民政府
2016	《关于扩大开放促进投资若干政策措施意见》	四川省人民政府
2016	《关于加快推进社会信用体系建设的意见》	四川省人民政府
2016	《关于新形势下加强打击侵犯知识产权和制售假冒伪劣商品工作的实施意见》	四川省人民政府
2016	《中国（四川）自由贸易试验区建设实施方案》	四川省人民政府
2016	《中国（四川）自由贸易试验区"证照分离"改革试点方案》	四川省人民政府
2016	《四川省贯彻中医药发展战略规划纲要（2016—2030年）实施方案》	四川省人民政府
2016	《四川创新型省份建设实施方案》	四川省人民政府办公厅
2016	《四川省推进"多证合一"改革实施方案》	四川省人民政府办公厅
2016	《四川省"十三五"会展业发展规划》	四川省人民政府办公厅
2016	《2017年四川省科技服务业发展重点工作安排》	四川省人民政府办公厅
2016	《关于加强农产品品牌建设的意见》	四川省人民政府办公厅

续表2-2

年度	名称	制定单位
2016	《2017年四川省打击侵犯知识产权和制售假冒伪劣商品工作安排的通知》	四川省人民政府办公厅
2016	《四川省知识产权战略行动计划》	四川省知识产权领导工作小组
2016	《关于严格专利保护的实施意见》	四川省知识产权局
2017	《四川省非物质文化遗产条例》	四川省人大常委会
2017	《四川省"十三五"知识产权保护和运用规划》	四川省人民政府
2017	《国家知识产权局四川省人民政府2017年合作会商工作要点》	四川省人民政府
2017	《四川省"十三五"科技创新规划》	四川省人民政府办公厅
2017	《四川省人民政府办公厅关于印发2017年四川省打击侵犯知识产权和制售假冒伪劣商品工作安排的通知》	四川省政府人民办公厅
2017	《关于加强农产品品牌建设的意见》	四川省人民政府办公厅
2017	《四川省建设引领型知识产权强省试点省实施方案》	四川省知识产权局
2017	《四川省职务科技成果权属混合所有制改革试点实施方案》	四川省知识产权局
2017	《关于支持我省高校院所职务发明知识产权归属和利益分享制度改革试点的十五条措施》	四川省知识产权局、四川省科技厅等
2017	《关于进一步推进商业秘密行政保护工作的意见》	四川省工商局
2017	《关于在全省法院推广"知识产权类型化案件快审机制"经验成果的实施方案》	四川省高级人民法院
2017	《2017年打击侵犯林业植物新品种权专项行动方案》	四川省林业厅
2017	《关于促进老字号改革创新发展的实施意见》	四川省商务厅、四川省发展和改革委员会、四川省教育厅、四川省人力资源社会保障厅、四川省住房城乡建设厅、四川省文化厅、四川省国资委、四川省地税局、四川省国税局、四川省工商局、四川省质监局、四川省知识产权局、四川省旅游发展委员会、四川银监局、四川证监局、四川省文物局、四川省中医药局
2017	《四川省知识产权法治宣传教育第七个五年规划（2016—2020年）》	四川省知识产权局
2017	《关于严格专利保护的实施意见》	四川省知识产权局

续表2-2

年度	名称	制定单位
2017	《四川省专利行政执法办案规范》	四川省知识产权局
2017	《四川省知识产权局行政复议规程》	四川省知识产权局
2017	《四川省专利代理行业改革试点工作实施方案》	四川省知识产权局
2018	《关于全面推开"证照分离"改革的通知》	四川省人民政府
2018	《四川省新一代人工智能发展实施方案》	四川省人民政府
2018	《四川省深化科技奖励制度改革方案》	四川省人民政府办公厅
2018	《关于推动四川国防科技工业军民融合深度发展的实施意见》	四川省人民政府办公厅
2018	《关于印发〈成德绵国家科技成果转移转化示范区建设实施方案〉的通知》	四川省人民政府办公厅
2018	《关于加强企业创新主体培育的指导意见》	四川省人民政府办公厅
2018	《四川省传统工艺振兴实施计划》	四川省人民政府办公厅
2018	《关于印发〈2018年四川省科技成果转化工作要点〉的通知》	四川省人民政府办公厅
2018	《四川省进一步优化营商环境工作方案》	四川省人民政府办公厅
2018	《分组推进科研院所"一院一策"改革试点工作方案》	四川省人民政府办公厅
2018	《关于完善知识产权侵权查处机制工作方案》	四川省知识产权局、四川省工商行政管理局、四川省版权局、中华人民共和国成都海关
2018	《关于企业海外知识产权维权援助平台建设工作方案》	四川省知识产权局、四川省商务厅、四川省工商行政管理局、四川省版权局
2018	《关于完善电商和展会专利执法维权机制工作方案》	四川省知识产权局、四川省商务厅
2018	《关于严格知识产权保护营造良好营商环境的意见》	四川省知识产权局、四川省高级人民法院、四川省人民检察院、四川省发展和改革委员会、四川省科学技术厅、四川省公安厅、四川省司法厅、四川省农业厅、四川省林业厅、四川省商务厅、四川省工商行政管理局、四川省质量技术监督局、四川省版权局、四川省博览事务局
2018	《四川省知识产权行政执法与刑事司法衔接相关工作制度》	四川省检察院、四川省知识产权局等

二、知识产权审判改革初显成效

四川历来十分重视知识产权审判专业化建设，1997年成都市中级人民法院成立专门业务庭——知识产权审判庭（民三庭）负责知识产权民事案件的审理。

2017年1月9日，成都知识产权审判庭正式成立，较成都市中级人民法院其他审判业务庭而言，人员配备更优、案件管辖更广，并配置了单独的办公场所，这是我国西部地区第一个建立知识产权专门法庭的城市，推动跨区域集中管辖全省专利、植物新品种、计算机软件等技术类知识产权民事案件和行政案件，标志着四川知识产权审判进入了审理专门化、管辖集中化、程序集约化、人员专业化的新时代。2017年，成都知识产权审判庭共受理各类知识产权案件2852件，占全省知识产权案件总数的55.49%；审结2266件，同比增长29.49%。四川除了各地市州中级人民法院外，还有成都市高新区人民法院、成都市武侯区人民法院、成都市锦江区人民法院、成都市郫都区人民法院、泸州市江阴区人民法院、绵阳市高新技术产业开发区人民法院和四川天府新区成都片区人民法院（四川自由贸易试验区人民法院）共7家基层人民法院系最高人民法院指定的具有第一审知识产权民事案件管辖权的基层法院，四川天府新区成都片区人民法院自2019年5月1日起受理诉讼标的在人民币500万元以下的一审一般知识产权民事案件（专利、植物新品种、集成电路布图设计、技术秘密、计算机软件、垄断纠纷案件和涉及驰名商标认定的纠纷案件除外）。专业化的审判机构利于优化审判资源配置、提高审判和执行能力。

四川全省法院深入推进知识产权审判体制改革，通过深化知识产权审判机制改革，强力推进知识产权民事、行政和刑事审判"三合一"工作，构建"三级联动、三审合一、三位一体"的知识产权审判模式，设立成都经济开发区知识产权检察室。中国（四川）自由贸易区首创知识产权刑事案件"双报"制度，通过"两法衔接"信息共享平台移送涉嫌侵犯知识产权犯罪案件。各级检察机关依法及时履行批捕、起诉职能，建立重大、复杂知识产权案件集中审理机制。深入探索知识产权案例指导以及技术调查官制度，同时加大对知识产权侵权行为的惩处力度，增加知识产权侵权损害赔偿金额，建立健全对情节严重的恶意侵权行为适用惩罚性赔偿的相关规定。2019年四川省省内法院系统不断加强发挥知识产权审判的职能，受理各类知识产权案件共计11636件，审结9920件，同比分别上升35.02%和35.22%。四川省省内检察机关不断贯彻落实刑事、民事、行政等方面的检察职能，办理侵犯知识产权犯罪案件94件共计批准逮捕164人，起诉139件共计313人，立案监督5件共计9人，提前介入6件，书面纠正违法12件次，办理涉知识产权民事监督案件1件。知识产权刑事案件"双报制"先后获评四川依法治理司法类十大案例和中国（四川）自贸试验区可复制推广经验案例。全省公安机关立案侦办侵权假冒案件1015起，破案572起，抓获嫌疑人898人，涉案金额3.88亿余元。

三、知识产权行政服务与监管服务并行

四川知识产权行政管理形成了权责一致、执行顺畅、监督到位、分工合理、科学决策的知识产权行政管理体制。2017年3月，成都市郫都区人民政府率全省之先，将原区经济局（区科技和知识产权局）承担的专利行政管

理职能划入区知识产权局，将原区市场和质量监督管理局承担的商标行政管理职能划入区知识产权局，将原区文化旅游体育广电新闻出版局承担的版权行政管理职能划入区知识产权局，成立了集专利、商标、版权管理、行政执法、公共服务于一体的成都市郫都区知识产权局。2018年8月，成都高新区将专利、商标、版权的行政管理职能一体化整合到知识产权局，成立集专利、商标、版权等领域行政管理、行政执法和综合服务于一体的知识产权行政管理部门，设立知识产权行政执法大队和区知识产权服务中心，打造知识产权"一个部门管理、一支队伍执法、一个大厅服务"的知识产权行政综合管理模式，实现知识产权全方位的行政管理、执法和服务三位一体的改革目标，建立健全知识产权综合管理的大工作格局，率先在全国范围内推行知识产权综合管理改革。"实施'创业天府'行动计划，打造'双创'升级版"典型经验做法被国务院办公厅通报表扬，知识产权"三合一"综合管理体制改革经验纳入全省第二批21条改革创新经验推广。2020年，天府新区成都直管区、成都高新区、德阳高新区、绵阳高新区、德阳罗江区、泸州高新区实现专利、商标、版权集中管理。

（一）四川知识产权登记、维权便捷

图2-1　知识产权三大板块

商标登记便利快捷。建立健全知识产权快速保护机制。通过修订《四川省专利行政执法办案规范》，建立了快速调解程序，建立了快速办案机制；通过设立四川知识产权保护中心、中国成都知识产权快速维权中心，实现了重点产业知识产权快速协同保护。建设全省统一的举报投诉与执法维权平台，涉及知识产权的举报投诉和维权援助中心确保21个市（州）全覆盖。保障保护知识产权举报投诉畅通与执法维权公益电话12330、12315、网络、邮件、短信、微信、面访等举报投诉渠道，探索建立对知识产权违法侵权行为接受举报投诉、限时转办、依法及时办理、跟踪督促、办结反馈、信息汇总的工作机制。

图2-2　原工商、质检、食品药品、物价、知识产权等投诉举报热线电话，即12315、12365、12331、12358、12330统一整合为12315（平台网页http://www.12315.cn/）

（二）四川知识产权行政执法力度大

首先，专项行动、集中治理、日常检查并举。通过深入开展"双

打""雷霆""护航"等专项行动，对电商平台、大型展会、消费热点、民生商品等重点领域进行集中治理。各级知识产权行政执法机构加大知识产权侵权违法行为惩治力度，实现知识产权的全方位严密保护。以2019年为例，全省各级行政执法机关持续加大执法力度，贯彻落实开展各项专项行动。省内各级市场监管部门立案受理各类专利案件共计3488件，结案率高达96.2%。协同办理电子商务领域专利案件共计2317件，结案率高达100%。查处查办各类商标违法案件共计1364件，涉案金额高达1261.48万元，其中移送司法机关处理15件，查处侵犯驰名商标权益的案件共计56件。省内相关职能部门查办版权侵权行政处罚案件共计27件，查处网络版权侵权案件8件，关闭侵权网站共计53个，移除侵权盗版链接共计658条。全省农业农村部门抽检水稻、玉米、油菜和蔬菜种子样品7638个，设立品种安全性跟踪评价点247个（次），监测品种1501个（次）；成都海关共采取知识产权保护措施283批次，涉及侵权商标20余个，作出行政处罚决定6起。其次，推进跨部门跨区域协作执法。四川省内、省外跨区域统筹协调执法制度渐成体系。在省内，建立了川北、川南等片区执法协作工作机制，成都、乐山、眉山、德阳、绵阳、自贡、宜宾、雅安、凉山、甘孜等10个市州签署了《大峨眉区暨成绵乐高铁旅游联盟区域旅游执法合作协议》。在省际，四川牵头与重庆、云南、贵州、西藏建立了西南五省（区、市）专利行政执法协作调度机制，同时还加入了九省（区、市）《丝绸之路经济带九省（区、市）专利协作执法机制》《长江经济带十一省市专利协作执法与联合执法机制》；四川省市场监管局（省知识产权局）、四川省知识产权服务促进中心、重庆市知识产权局2020年6月在重庆共同签署《川渝知识产权合作协议》，共建知识产权执法协作机制，跨区域的专利执法协作网络基本形成。同时，四川省不断加强海关执法力度，持续强化知识产权边境保护工作，保证良好的进出口秩序环境，努力提升省内出口商品的品牌形象美誉。

四川知识产权司法与行政保护办案效率明显提升，保护程序大幅简化，维权成本显著降低，行政保护领域基本实现当事人"零成本"运作，对知识产权侵权假冒行为的惩处力度加大，无论是司法赔偿还是行政调解处理的标准都较以前有显著提高，知识产权权利人的知识产权权益得到合法有效的保护，全社会逐渐树立起保护、尊重、重视知识产权的观念意识。

（三）打造四川知识产权服务全方位多领域

大力发展建立健全便民利民的知识产权公共服务的制度体系，不断深入推进"全链条、全领域、一站式"知识产权公共服务平台建设，以平台为依托，打造企业、高校院所、服务机构、金融机构等多方共生发展的知识产权创造、运用、管理、保护和服务新模式。2019年，四川知识产权发展潜力和运用效益显著提升，版权贸易备案共计1094件，相对于2018年同比上涨6.42%。政策上大力支持"5+1"现代工业体系重点龙头企业新建高价值专利育成中心9个，累计18个；持续支持20余所高校、科研院所建成国家和省级技术转移示范机构共计65家。建立健全6家省级创新中心。省内国家级企业技术中心共计81家，位居中西部第一。不断贯彻落实科技成果转移转化行动，不断提高成果转化示范水平，推行的科技成果转化重点项目共计159项。布局建设省级科技成果转移转化示范区14个，协议总投资高达1200亿元，其中生物医药企业共计500家。设立专项资金首批支持12家中央科研院所科技成果在川转化，29项获奖科技成果在川得到实现。知识产权运营基金规模扩展累计8亿元，已投资项目5个，投资金额5500万元，储备项目超过100个。

四川支持、指导知识产权代理和服务机构向专业化、规范化、高端化、多样化发展，2019年新增商标代理机构257家，共计1370家；新增加的专利代理事务所共计19家，累计112家。在全省执业专利代理师共计673人。截至

2019年底，省内一共培育出全国知识产权服务品牌机构10余家、国家知识产权运营机构7家和国家知识产权分析评议试点示范服务机构6家。省知识产权局出台《四川省专利代理行业改革试点工作实施方案》，全省25家服务机构和109人享受改革试点扶持政策。成都市在2017年获批全国唯一开展放宽专利代理准入条件改革试点的城市；2015年成都高新区获批创建国家知识产权服务业集聚发展示范区；2017年成都高新区服务业联盟加快建设，聚集各类知识产权服务机构84家，接受知识产权托管服务企业1300余家。

四川不断持续发展知识产权运营服务，率先建立起"平台+机构+高校院所+金融+企业"的知识产权运营模式。成都中医药大学挂牌成立知识产权运营中心。建立"1+1+3+N"四川省知识产权运营基金出资联动机制，推动宜宾、乐山、德阳等地建立区域知识产权运营子基金。2017年9月30日，四川首个商标品牌企业专属电子商务平台——四川商标品牌网上线运行。大力推进四川省地理标志品牌建设，提升地理标志品牌知名度和核心竞争力。2020年5月10日"中国品牌日"，四川省参与评价的地理标志有22件。2019年品牌价值累计达1795.93亿元，其中郫县豆瓣、安岳柠檬、蒲江雀舌、蒲江猕猴桃品牌价值分别为661.09亿元、180.67亿元、178.31亿元和120.98亿元，分列区域品牌组（地理标志产品）第8名、第17名、第18名和第29名。

四川加快知识产权大数据平台建设。2016年5月17日，四川省科技创新创业综合服务平台（http://www.scsttc.com）正式上线运营，该服务平台具备服务对接、线上咨询、预约服务、在线下单、服务评价、拓展人脉等各种功能，为创新、创业主体和相关服务机构提供需求对接方面的服务。2016年7月25日，四川版权综合服务平台（http://www.sc-copyright.org/）进行了安全升级和功能拓展，成为集版权登记、版权保护、版权鉴定、盗版监管、版权交易、稿酬收转及查询系统为一体的版权综合服务平台。2016年9月20日，"四川科技扶贫在线"平台（http://www.sckjfp.com/）正式启动运行，面向贫困地区群众提供专家服务、技术供给、产业信息、供销对接四大服务。2017年11月27日，四川省知识产权公共服务平台正式运行，服务平台由线上网站与线下服务窗口构成。其中线上（四川省知识产权公共服务网）提供专利在线申请和专利事务办理、知识产权数据网上查询检索、知识产权信息在线分析等服务，线下提供包括知识产权受理、相关举报投诉的维权援助、相关的信息服务、知识产权大数据服务、知识产权金融服务、军民融合服务和培训等服务。建设军民融合知识产权服务平台等一系列平台，中国（绵阳）科技城军民融合知识产权运营平台建成投运。搭建非物质文化遗产传承保护合作平台。四川大学与文化部恭王府博物馆签署文化和非物质文化遗产保护战略合作协议，共同成立四川大学非物质文化遗产研究中心。四川省培育国家知识产权保护规范化市场3个。

2020年6月，科学技术部火炬高技术产业开发中心发布了关于公布国家技术转移机构考核评价结果，四川大学国家技术转移中心、成都生产力促进中心获评优秀。2020年6月19日，由四川川大科技产业集团有限公司等4家国有企业和海纳同创控股有限公司等5家四川大学校友企业共同发起组建的以"高校科技成果搬运工"为己任的"成都川大技术转移集团有限公司"举行揭牌仪式。

四川重视知识产权海外合作与保护。通过建立和完善知识产权对外信息交流机制，不断强化国际、区域知识产权信息资源及基础设施，建立健全与相互协作利用的交流合作，大力支持开展知识产权人才培养的对外合作活动，加强引导公派留学生以及鼓励自费留学生选修知识产权专业，鼓励引进或聘用海外知识产权高水平人才等措施，全省积极参与国际知识产权秩序的构建，积极参与国际组织相关的会议议程。2018年初，已经完成了四川省知识产权公共服务平台项下的子平台——企业海外知识产权维权援助平台的方案制定、系统设计。2018年7月，全国首个国家知识产权国际合作基地落户

四川。

《四川省"十三五"知识产权保护和运用规划》明确了四川"十三五"期间知识产权工作的总体要求和主要任务，对全省知识产权工作进行了全面部署。该规划提出要实现"一个总目标"，实现"五个一批"，发展"五大环节"。"一个总目标"即在2020年，四川省内知识产权战略行动目标保质保量地按时完成，实现知识产权对社会经济发展的支持和引领作用显著增强，建成全国一流的知识产权强省。"五个一批"是指首先实现在知识产权领域有一系列改革成果，有效拥有一系列高质量的知识产权，建造一批拥有知识产权优势的企业和密集型产业，打造一批知识产权强市和知识产权强县，培育出一大批优质知识产权相关的服务机构和知识产权专业的高素质人才。"五大环节"分别是知识产权创造、运用、保护、管理和服务。在新形势下，有必要进一步构造立体式知识产权体系，为营造更加良好的营商环境而努力。这种立体式构造主要目的是要充分发挥体制、司法与执法"一基础、一保障、一发展"的功能①。"一基础"主要是指建立完善相关知识产权体制机制，坚持知识产权保护原则，为司法保护和行政执法方面奠定一定的基础；"一保障"是指发挥司法作为知识产权保护体系制度的最后一道防线的重要兜底功能；"一发展"是指运用行政执法的公共政策功能时，在遵守原则和法律规则的前提下对知识产权提供短平快的救济措施服务，从而实现立体化、全方位的知识产权保护。

---

① 王淇.知识产权保护三元架构研究[J].科技促进发展，2018，14（1）：80-83.

《第三章》

民营经济营商环境法治
的四川发展

民营企业已经成为推动我国经济发展的主力部队之一，为我国近年来的经济增长做出了非常大的贡献，关于其通常有"五六七八九"的说法，即民营企业对全国的税收贡献了50%的力量、在GDP方面贡献了60%、创新方面有70%的功劳、对城镇就业出了80%的气力以及具有90%以上的企业数量。在新时代新经济背景下，法治建设持续推进，保护民营经济体权益已成国民共识。

一、四川民营企业法治环境不断优化

四川民营企业营商大环境持续改善，内外部法治环境水平较高。在深化法治建设阶段，四川政府优化社会管理、根据不同阶段不同的新情况积极引导民营企业发展。2018年11月，成都市召开会议，讨论成都市民营经济如何健康发展，提出了降低民营企业的发展成本、支持解决民营企业融资方面的阻碍问题、积极鼓励民营企业发展创新、用政策支持民营企业做大做强、加强民营企业合法权益保护等一系列促进民营企业健康发展的政策措施。

图 3-1　成都市召开民营经济健康发展大会（图片来源：成都发布）

（一）优化营商环境相关立法，回应民营企业发展

1.高质量立法与依法行政

习近平总书记在民营企业座谈会中强调了政策要支持民营企业的发展，赋予其一个优质的环境，解决其在发展中遇到的困难，激发民营企业发展动力与创新潜力。2015年，四川省完成了民营企业权益保护办法的制定工作，在优质政策的指引下，四川省民营经济保持着良好的发展势头，四川市场监督管理部门通过降低市场主体的准入门槛和制度性交易成本，进一步解放了四川发展的生产力，激发了市场的创造力量，截至2017年底，全省民营经济市场主体共有472.82万户。2019年，四川省成立首个民营企业家法律服务工作站。2020年，四川开放5种民营企业法律维权诉求渠道。

2.保护民营企业权益及有法可依

截至2018年，四川省在民营经济方面的立法已有60部相应规范性文件。成

都市颁发民营企业权益保护方面相关文件有65部，其中56部属通知性文件，有9部是关于保护和支持民营企业的实质性政策文件。其主要内容是促进中小微企业发展的若干实施意见。同时，立法时注重对民营企业知情权的保护，拓宽相关交流渠道，做到"畅通、正式、反馈有力"。良性、正常的官民关系应该是政府与民营企业建立规范统一的信息沟通交流渠道。民营企业法治环境需要继续优化，需要制度支持。

3.统一收税政策以维护公平

税费政策规则是否稳定、执行是否公平关系到企业发展动力以及地方政府对企业落户的号召和吸引能力。2017年，四川省国税局根据不同地方的不同情况，构建不同的工作机制，建立了14个服务于税收的管理中心，并且通过此种方法使得税收的执行得到统一，此举获得了全省各大小企业的称赞。2018年，按照党中央、国务院和税务总局、四川省委省政府关于国税地税征管体制改革的部署，在6月15日国家税务总局四川省税务局正式挂牌后，全省各市（州）国税局、地税局于7月5日上午10点统一挂牌，标志着全省国税地税征管体制改革又向前迈进了重要的一步。

图3-2　国家税务总局四川省税务局正式挂牌（图片来源：四川新闻网）

4.政府诚信履行合同

2018年，四川省人民政府公开发布了《关于加强政务诚信建设的实施意见》，意见中涉及三大重要任务：一是在摸索中建立起政府事务监督制度体系，二是建立政府事务信用制度，三是针对个别极为重要的领域建立信用体系。

5.构建和谐的劳资关系

四川省政府一方面设立劳动者权益保障服务中心，为劳动者排除困难解决忧愁；一方面出台保护民营企业权益办法，让民营企业在享有法治保障的同时，自觉提升企业社会责任意识，从根本上探究处理劳资关系的办法。

6.建设国际化营商环境

在北京举行的中国开放发展与合作高峰论坛暨第八届环球总评榜发布典礼上，成都一举获得"2018中国国际营商环境标杆城市"奖、"2018中国最具投资吸引力城市"第一名和"2018绿色发展和生态文明建设十佳城市"奖、"2018中国优化人才创新创业环境十佳城市"四大奖项。进入2019年，成都市委站在全市发展全局高度，在客观分析当前形势后，将全年工作的主题确定为"国际化营商环境建设年"，提出把建设国际化营商环境标杆城市作为成都市的工作重点。

图 3-3　成都获得四大奖项（图片来源：成都发展和改革委员会）

7.以更高水平开放赢得全球投资者支持

2016年，格力在四川成都的产业项目开工仪式在新津县举行。京东方第2条第6代LTPS/AMOLED生产线、业成科技大中华区总部、赛诺菲中国中西部运营与创新中心、出光电子材料（中国）制造基地等一系列重大项目在2018年进入成都。截至2019年底，世界500强企业已有200多家落户成都，境外企业也有将近200多家。2019年，成都自贸试验区建设水平持续提高，外商直接投资70多亿美元（商务部口径统计），比上一年增长10%多。

（二）简化执法内容并规范执法行为

1.简化行政检查内容及优化执法行为

行政检查是政府提供的公共服务内容，公正检查且让被检查的民营企业感受到行政主体公正执法，是建设法治国家和服务性政府的目标，更是提升民营企业法治环境的好方法。2014年，四川便实行了《四川省规范行政执法裁量权规定》，明确指明，"钓鱼执法""养鱼执法"等违法或不正当的行为务必禁止，同时规定相关部门定期向各界公布一些案例以规范行政执法。

2.加强行政处罚的公正性

四川省根据《中华人民共和国行政处罚法》《中华人民共和国行政强制法》《四川省行政执法监督条例》及其他有关规定，结合实际，规定了四川省重大行政处罚标准，有利于行政处罚更加明确，有利于执法人员更加明晰行政处罚的运用，加强了行政处罚的公正性。

3.规范行政收费制度

为防止产权交易时出现多收费、乱收费、高收费的现象，2019年，四川省政府严格贯彻阳光政府政策，公布《四川省行政事业性收费目录清单（2019）》，严禁暗箱操作的不当行为。该清单的公布体现出四川省政府建设阳光透明政府的决心。行政中的乱收费行为因清单的公布得到威慑，行政收费得到规制。在行政收费得到规制之时，四川营商大环境得到相应的改善。

（三）加强配套专项服务

在专项资金支持、工程招投标制度设计、企业融资、土地供给等方面，四川省政府提供了一系列的公共支持。"把心里面的包袱抛下，专心地发展经济"，在政府政策的帮扶之下，四川民营企业家有一个共同的信念，继续努力，抓住政策给予的机会，直接面对困难，迎难而上，抓住机会，创造美好的未来。

1.加强政府与企业信息交流

四川省政府部门加强政策宣传，对政府补助经费、政策、方案及结果等充分公开，使企业及时、便捷地了解到政府优惠、资助企业信息；降低政府补助的申请门槛，对补贴使用的效益、公平性进行评估并公开。2018年，四川省经济和信息化厅《关于开展2018年度四川省首发上市企业及有关保荐机构补助资金申报工作的通知》，鼓励符合条件的企业积极申报，支持企业发展，调动四川经济活力。四川中小企业申报补助项目时，在符合项目的条件下，优先考虑安排中小企业发展专项资金予以支持。2019年12月，四川省科学技术厅发布公告，面向社会征求关于《四川省激励企业加大研发投入实施暂行办法》的意见。2020年，四川省各地陆续发布在疫情期间对中小企业的

扶持帮助政策，针对此时企业面对的困难，提出解决意见以及合理的帮助方法。例如成都减轻中小企业在疫情期间的租金，攀枝花对疫情防控期间实现"升规"并对经认定的企业给予10万元的奖励补助。

2.降低中小微企业招投标成本

2016年，四川省公布并实施了《四川省政府采购促进中小企业发展的若干规定》。2018年，四川省还出台了《进一步规范政府采购监管和执行的若干规定》，规定中对采购的预算份额进行了分配，对中小企业特别预留了一份，实实在在地为其减轻负担，降低中小企业的招标投标成本，激发四川企业发展活力。2020年疫情期间，《四川省人民政府办公厅关于应对新型冠状病毒肺炎疫情缓解中小企业生产经营困难的政策措施》《成都市人民政府关于印发有效应对疫情稳定经济运行20条政策措施的通知》等文件相继推出，根据文件要求，四川国际招标有限责任公司和金融机构建立了热线电话和网络联动机制，第一时间回应中小企业提出的问题，优化政府采购的报名和投标的程序，以此来降低中小企业投标成本。

3.招商引资政策公平对待中小微企业

为了促进中小型企业发展，2019年，四川出台了22条政策措施支持其发展壮大，并且印发《关于促进中小企业健康发展的实施意见》，内容包括：及督促中小企业公平竞争，加入第三方审查制度，把妨碍公平竞争的问题消灭在最初阶段，对招标投标进行整治，取缔不合理的限制。

4.为企业融资提供便利

民营企业常常陷入融资成本高、渠道不规范、融不到资的困局。2015年，四川省人民政府印发了《关于进一步缓解企业融资难、融资贵问题的通知》，提出推动设立企业应急转贷资金等8种方式，实实在在地去解决企业在融资方面遇到的难题，并具体到每一个相关部门，让每一个部门承担起自身相应的责任。2017年，四川省实施8项措施降低中小企业融资成本，全面解决四川省企业融资难和融资贵的问题，还提出"股债结合，以债为主"和"债券优先战略"，引导符合条件的企业通过发行债券融资，降低杠杆率，一系列金融创新服务实体经济的措施在全川实施。2019年前三个季度，四川省工业及中小微企业的融资情况多方面出现增长的趋势，总体上来说四川省中小企业融资状况呈现稳中向好的态势。

5.规范土地管理解决企业拿地难

2016年，为进一步加强土地出让管理，规范土地出让的行为，四川省发布了关于进一步加强土地出让管理的规定。该规定对于土地出让的前期工作、出让过程中的交易制度以及土地出让后的监督制度都做了详尽的规定，实实在在地为企业拿地规划了一条合理合法的出路，不但有利于解决企业与土地使用者之间的矛盾，还为企业拿地节约时间成本，进而节约了企业的经营成本。

二、优化法治环境　营造民营企业发展新摇篮

（一）良法善治是民营企业发展的福音

党的十八届四中全会的决定和《四川省依法治省纲要》都明确指出要"建设法治政府""依法规范行政行为"。法治要摈弃过分的繁琐程序、复

杂的管制行为；简化规则，使规则最大限度为社会服务。实施法律规范过程中，不断检测规则的效用，看是否最大限度地保护了社会主体的各项权利，最大限度地激发了社会主体追求幸福的热情，符合社会规律，促进了国泰民安、企业安营扎寨、安居乐业、健康发展。

高质量的立法优化了四川的营商环境。《四川省企业和企业经营者权益保护条例》于2020年6月12日在四川省第十三届人民代表大会常务委员会第十九次会议通过，其第一条明确"为了依法保护企业和企业经营者的权益，优化营商环境，促进经济社会持续健康发展，根据有关法律、法规，结合四川省实际，制定本条例"。该条例还规定了企业和企业经营者权益保护的国家机关的职责分工、政府诚信制度、市场经营秩序的维护、劳动关系三方协议机制等。

良法需要善治。良好的法治要求政府提供社会主体外部发展的良善规则，促进民间各类主体的良好发展，使其拥有活力和创造力。政府法治建设中需要优化行政行为。政府部门及执法机构、人员的寻租腐败，给社会起到一个坏的影响。依法治国，建设法治政府，四川省在减少政府腐败行为方面更加努力。在党的十九大精神的指导之下，四川省各级纪检监察机关坚持稳中求进，牢牢抓住深化体制改革，监督、执纪、问责，打虎拍蝇一体推进。

（二）认识差距　打造更好的营商环境

四川各级政府认真分析差距，出台不少支持企业发展政策。

关于市场投资环境打造方面，全面实施《自由贸易试验区外商投资准入特别管理措施（负面清单）》，将一些外商投资备案管理的权限下放到相关的各个区域。"中国-欧洲中心"暨"一带一路"交往中心也建成并且开始运营。出台《全球顶级科技园区合伙人计划实施方案》，中国第一个具有权威性质的金融科技实验室——成都诺贝尔全球金融科技实验室落户，使得"一带一路"项目库有了更新和完善。在走出去方面，有企业服务联盟的积极指导，同时也在支持各种企业开展多方面的企业合作活动，尤其是与境外企业的合作与发展。2018年，在四川省政府的统筹下，企业利用"一带一路"的优势区位条件，沿线国家与地区在建和筹建项目150个，涉及金额超过100亿美元。

在科研创新环境培育上，开展了许多有益的探索，并且形成了20余项改革举措。四川全省复制推广，让多数企业受益，推动企业加速转型升级。加快培育在高新技术领域能够领头的企业，设立研究基金，为新型技术研究院的发展服务。2015—2017年成都全社会对研发的投入年平均增长11.5%左右，万人拥有发明专利的人数年均增长18.8%，各种类型的市场运营主体年均增长35万余家。

四川省政府制定学生凭本科毕业证入户制度，让人才有了归属感，吸引了更多人才到成都发展，为一些高素质的人才提供高保障，并且让企业对职工进行相关职业的培训，促使人才素质和职工的职业技能素养提升，从而推动城市发展向高质量迈进。

（三）提高经商便利度　营建民企新摇篮

2019年，在世界银行发布的世界各个地区各项目便利度的比较中，中国香港地区排名靠前，内地则一直处于中间靠后的位置，但这个现象在2020年发生了较大变化。2020年营商环境报告显示，世界银行的"经商便利度"中的指标及排名如表3–1、表3–2所示。

表3-1　2019年世界银行经商便利度排名摘录

国家和地区 项目排名	新西兰	新加坡	中国香港 特别行政区	美国	中国台湾 地区	中国大陆 地区
总排名	1	2	4	8	13	46
开办企业	1	3	5	53	20	28
申请建筑许可	6	8	1	26	2	121
获得电力供应	45	16	3	54	8	14
注册财产	1	21	53	38	19	27
获得信贷	1	32	32	3	99	73
投资者保护	2	7	11	50	15	64
缴纳税款	10	8	1	37	29	114
跨境贸易	60	45	27	36	58	65
合同执行	21	1	30	16	11	6
办理破产	31	27	44	3	23	61

表3-2　2020年世界银行经商便利度排名摘录表

国家和地区 项目排名	新西兰	新加坡	中国香港 特别行政区	丹麦	美国	中国大陆 地区
总排名	1	2	3	4	6	31
开办企业	1	4	5	45	55	27
申请建筑许可	7	5	1	4	24	33
获得电力供应	48	19	3	21	64	12
注册财产	2	21	51	11	39	28
获得信贷	1	37	37	48	4	80
投资者保护	3	3	7	28	36	28
缴纳税款	9	7	2	8	25	105
跨境贸易	63	47	29	1	39	56
合同执行	23	1	31	14	17	5
办理破产	36	27	45	6	2	51

　　世界180多个经济体都在行政服务方面提供了巨大方便，促使其经济发展更有活力。通过比较认为，成都市的营商环境，即行政服务水平（经商法治环境）还可以有较大提高幅度，民营企业发展的法治环境还可以大幅度优

化。如何让老百姓经商创业更加便利，成为四川市场监管部门一直着力解决的问题，其先后推出了"多证合一""证照分离""最多跑一次"等改革，大大优化了营商环境。四川全省98.9%的企业对于企业开办便利化改革持满意态度。为打造更加良好的营商环境，四川地方政府持续深化行政审批制度的改革，企业所需的政府服务现在几乎能够实现一站式服务，大部分的审批事项都可一次性办理，大部分的公共事务能够从网上申请办理。

在法治保障环境构筑上，实现统一社会信用代码向有关的监管部门在网络上推送相关事件。成都启动了公共信用信息应用清单，还开展了相关信息支撑工作，比如政府信用信息的全方面查询、信息的准确定制，另外对企业信息的开放使用进行完善。由于这些努力，成都获批设立四川自贸试验区人民法院，新设四川自贸试验区仲裁中心，同时还成立成都知识产权审判法庭，发布了《知识产权司法保护白皮书》，在法治社会治理方面取得了不少成绩。这些都为构建良好营商环境提供了更好的政府服务和法治保障。

三、深化改革　助推民营企业再上发展高速路

针对民营企业发展环境，在依法、规范、服务的前提下，优化管理、提高效率、促进民营经济更健康地发展，四川主要采取了以下措施。

（一）科学立法

1.立法充分吸纳企业意见和建议

立法宗旨是为社会主体服务，要考虑企业发展，让企业充分表达看法。

四川在制定相关政策文件时，对于涉及企业利益的事项，积极地征求社会各界的意见，尤其是企业的意见，并且组织相关会议探讨相关事项，对于搜集到的意见和建议，做归纳总结之后方才上报有关部门。召开发布会，针对民营企业权益，发表意见和建议。四川省在涉及中小企业的各类文件发布之前，会向社会各界征集意见，在综合社会各界的意见之后，做出最有利于经济社会发展的决策。

2.制定规则减少对企业的负面影响

四川行政机关制定操作措施时，采取对民营企业发展影响最小的方式进行。2019年政府发布的《四川关于促进中小企业健康发展的实施意见》提出：充分利用各类社交平台及联合国"中小微企业日"等重要节点，宣传促进中小企业发展的方针政策与法律法规。按照有关规定表扬在企业发展中较为突出的优秀企业，让这些优秀的企业树立起一个榜样，这一举动还能让企业感到光荣，让没有受到表扬的企业得到激励，形成有利于中小企业健康发展的良好社会舆论环境。

3.优惠政策充分考虑对中小企业的反向影响

相对统一招商引资政策，规范优惠政策，为企业营造优质的发展环境，让企业没有后顾之忧地发展自身壮大自身，并且十分重视政府事务公开，对内部交易行为进行有效防范，促进企业公平竞争。招商引资中，给予外来资金的优惠政策，同等条件下，本地企业可以申请同等享受。

4.营造公平竞争的法治环境

2017年，四川省工商局出台了《公平竞争审查制度》，该审查制度涉及进入市场和退出市场的标准、商品之间流动的标准要求、生产的成本经营标准等多个方面。在如何进入市场和退出市场方面，明确规定有关政策不得使企业感受到歧视。2019年，四川省人民政府办公厅印发《四川省规范使用行政权力促进市场公平竞争工作方案》，对全面落实公平竞争审查制度、加强公用事业监管等方面做出明确要求。

5.制定的相关规则注重可行性

四川省各级政府、各职能部门适时召开民营企业服务座谈会，听取民营企业发展的真实想法，了解其发展时的切实需要，宣传、解释行政执法和政府政策规则，达致共识，使规则的制定和实施更契合现实之需。2020年疫情期间，四川推出了"战疫贷"。"战疫贷"是由四川省财政厅联合中国人民银行成都分行等主管部门，会同国家开发银行四川省分行、四川省农村信用社联合社及四川省再担保公司等地方法人金融机构共同推出的低成本贷款产品，专门面向自身抗风险能力弱、受疫情影响严重且急需资金的小微企业主、个体工商户及新型农业经营主体。根据四川省人民政府网站资料，自2020年3月底四川推出"战疫贷"以来，相关金融机构已累计发放该类贷款130多亿元，支持小微企业、个体工商户及新型农业经营主体2.1万户，户均贷款62万元，加权平均贷款利率4.45%，财政贴息后实际贷款利率3.9%。初步估算，获得"战疫贷"支持的各类经营主体预计将稳定和带动就业超20万人。

6.提高民营经济市场主体地位

《四川省民营经济发展报告（2018）》的数据显示，2018年，四川省民营经济贡献的税收占全部税收比重的64.5%，增长了30.7%，民营经济对税收增长的贡献率超过90%，已经成为四川省主要的税收来源。全省60%左右的城镇就业岗位由民营企业提供，容纳了90%的新增就业。新希望集团就是四川民营经济的优秀代表。四川高度重视民营企业，积极孕育出新希望这样的

大型民营企业，大力培育各类市场主体。

（二）公正执法

1.加强民营企业资产保护力度

公权力对企业（包括个人）所有合法财产严格保护，促进其自由和独立地发展。宣传、普及知识产权知识，支持民营企业研发获得知识产权，对企业的知识产权建立一套保护的体制。四川省政法机关纷纷提高执法、司法的质量，以宪法和法律保护财产权的规定为基准，实实在在地保护民营企业的发展利益。四川省司法厅根据四川发展的现实情况，印发了"十不准"。四川省司法厅相关负责人介绍，"十不准"的目的是解决民营企业家面对的困境和难处，包括一些不合理不合规的执法方式方法。司法厅将对行政执法的事项加以监督，确保执法合理合法，兼顾最大利益，严格规范公正文明执法，以实际行动支持和促进四川省民营经济健康发展。

2.行政许可简政放权进一步实施

四川省政府梳理了部分民营企业从"出生"到"成长"再到"死亡"的全过程，其中涉及行政许可制度予以单独研究，在合理范围内减少许可的程序事项，简化许可内容，缩短许可期限，构建了许可的评估制度。代办许可的范围也进一步扩大，方便了一大批企业，将审批的时间期限也相应地缩短，节省许多企业获取许可的时间。例如建设项目环评中，将商业区和居住区的标准分开制定，分开收费，不同情况不同对待，做到公平公正。四川省政府出让土地，先自行做评估报告，符合条件和土地规划要求的再出让。

3.行政检查与行政处罚公正增加可接受性

行政检查具有普及性，执法对象非选择性、随机性、可见性。检查相对普遍，几乎不留死角；规范行政检查权，对随意检查、任意检查给予限制，提出不能或者减少选择性执法。让行政执法更公开公正，且是看得见的公开公正。提高行政处罚的可接受性、处罚幅度可比较性，使裁量权行使接受规制；着重建设行政执法的示范性，每一宗执法案例都可查阅，提高非涉密行政执法、行政处罚的公开性、可比性、对其他社会主体的警示性。在行政检查和行政处罚时，四川省政府认真考虑民营企业工作人员的素质文化水平，会先进行一系列的教育，让从业人员学习相关法律法规，再对其从业行为进行监督和处罚。

4.打击、预防各类犯罪维护社会稳定并促进经济发展

四川省司法机关对伤害民营企业权益的一系列行为秉持坚决杜绝的态度，对意图破坏民营经济的事情进行严格、严肃、严厉执法，努力营造公平公正环境。对于各种可能涉嫌刑事方面的犯罪，尤其是破坏我国社会主义经济的犯罪，予以严厉的打击。对于某些企业内部人员意图破坏企业管理秩序、伤害企业利益的行为，加大打击规制的力度。2018年来，一系列涉黑涉恶的活动受到了严厉的打击和制止，这对我国的民营企业是一种极大的保障。

（三）专项保障

针对金融、土地出让、诚信服务体系构建等问题专门进行研究，专项政策调整。四川省政府服务水平得到提高，信息传递畅通、到位，加大了对民营企业权益的保护。

1.改进民营企业融资环境

四川省政府致力于赋予民营企业融资便利和优惠，缩短融资期限。禁止民营企业融资过程中的不当收费。降低民间融资利息，利息不超过银行贷款利率4倍，且限制相关手续费、担保费等标准。要求所有贷款融资机构公开融资收费标准和项目，所有规则上网上墙。针对过桥费，专门出台政策，与银行等融资贷款机构专项对接，要求银行在符合贷款条件的情况下直接给予民营企业贷款，或者政府设置专项资金作为民营企业融资过桥费。政府建立"中小企业信用保险库"，形成完善的地方企业及法定代表人信用资讯体系，入库企业每一年向保险库缴纳0.5%的保证费，形成保险基金，入库企业及其法定代表人信用合格，融资就会相对容易。

2.与企业共建诚信服务信用体系

为健全"褒扬诚信，惩戒失信"机制，让社会中诚信的氛围愈发浓厚，提高我省民营经济发展质量，四川省制定了民营企业"诚信百千工程"联合激励政策，对符合要求评选出的诚信民营企业实行联合激励。已经入选的诚信企业，政府将为其提供一系列的优惠政策和便利政策，例如纳税的辅导和纳税提醒。

3.简化税费且公正收取

2018年，四川省委、省政府在民营企业落实税收优惠上梳理、制定了专门事项的政策，对包括增值税、企业所得税在内的多个税种进行减免。自2018年1月1日至2020年12月31日，四川省将小型微利企业的年应纳税所得额上限由50万元提高到100万元，对年应纳税所得额低于等于100万元的，其所得按50%计入应纳税所得额，按20%的税率缴纳企业所得税。可以看出四川省对国家精神和政策的严格贯彻，并且着力制定富有"川味"的具体落实措施。

4.扶持民营企业健康发展

据统计，2020年，四川省全年民营经济增加值26252.6亿元，比上年增长了7.6%，占GDP的比重为56.3%，对GDP增长的贡献率为57.7%。2019年末，四川省全省民营经济主体达到597.0万户，比上年增长了9.5%，占市场主体总量的97.4%，其中私营企业实有数量达到137.3万户，增长9.1%。这些都离不开四川省政府对民营企业的支持。2018年初，日东材料科技（成都）有限公司负责人专程到省四川省发展和改革委员会驻省政务服务中心的窗口，将一面印有"热情服务 勤廉高效 作风严谨 务实为民"字样的锦旗交到窗口行政审批处的同志手中。起因是在2017年四川省政务服务中心知道该公司有免税的问题时，第一时间到现场了解情况，并根据实际情况重新核发了国家鼓励发展的内外资项目确认书，保证了该公司顺利开展减税免税手续办理。

面对激烈的市场竞争，四川省政府大力保护民营企业权益，发展规模经济，继续促进民营企业高质量发展，积极参与经济全球化竞争。从立法、执法、守法、普法、司法等系列环节，优化民营企业法治环境，为四川省民营经济保驾护航。

《第四章》
消费者权益保护法治的四川样态

四川省消费者权益保护法治主要是围绕完善消费者权益保护立法、加强消费维权组织机制建设、普及消费法制宣传教育、强化消费市场监督管理、加大消费维权力度等几个方面来实施，主要在餐饮消费法治、旅游消费法治、出租汽车行业法治、消费法制宣传教育、老年消费者权益保障、创建放心舒心消费城市等方面取得了显著成效。

一、完善消费者权益保护立法

《四川省消费者权益保护条例》于1988年9月26日正式通过并开始实施，在1992年和2007年经过修正[①]和修订[②]，对四川省的消费者权益保护起到了重要的规范、指引和调节作用。《四川省消费者权益保护条例》在制定、修正和修订过程中注重吸收来自法律界、消费领域、生产服务行业和消费者等社会各界的意见和建议，召开听证会进行立法听证，并开展调研论证。

《四川省消费者权益保护条例》与四川省餐饮消费立法、旅游消费立法、出租汽车行业规范立法等消费行业规范立法以及老年消费者权益保障立法等规范性法律文件共同构成了四川省消费者权益保护地方立法体系。

---

① 《四川省消费者权益保护条例》根据1992年9月26日四川省第七届人民代表大会常务委员会第三十一次会议通过的《四川省保护消费者合法权益条例修正案》修正。
② 《四川省消费者权益保护条例》由四川省第十届人民代表大会常务委员会第二十九次会议于2007年7月27日修订通过，自2007年10月1日起施行。

二、加强消费维权组织机制建设

四川省各级消委组织以消费者为中心，加强消费引导，强化纠纷调处，提升消费维权水平，积极发挥消协作为社会组织的"公益性、大维权"作用。在此基础上注重构建消协维权平台与消费维权社会共治相结合，凝聚社会各方力量，推动消费维权社会共治大平台建设，增强消费维权社会合力，形成大维权、大调解的社会治理格局。①中国消费网相关数据显示，截至2019年，四川省已成立消委会分会1803个、投诉站22493个、联络站10826个，投诉处理网络已覆盖全省城乡。2019年，四川省各级消委组织总共受理消费者投诉3.9万件，为消费者挽回经济损失5939万元，有效地维护了消费者的合法权益。

四川省创新消费维权机制，完善诉调衔接、诉仲衔接、诉转案等多渠道化解消费纠纷的工作机制。建立"诉转案"对接机制，并把"诉转案"作为消费维权的突破口和重要抓手，初步形成"在投诉中找案源，在线索中查违法，在查处中维权益"的良好格局。根据四川省人民政府网站公布的相关数据，"诉转案"机制建立以来，2015年四川省立案查处各类消费侵权案件2382件，案值1494.26万元，罚没金额1590.22万元。

四川省积极构建综合维权服务平台，借助网络、信息化手段方便消费者投诉，并建立异地投诉机制，进一步提高消费者维权效率。2019年5月，四川省市场监管局将原质监12365、食药12331、知识产权12330、物价12358统

---

① 李彦琴. 当好消费者的"娘家人"　成都将建综合维权服务平台[N]. 成都商报，2017-08-09（3）.

一整合为12315热线，实现"一号对外、集中接听"和号码集中管理。同年12月，四川省12315呼叫平台与全国12315平台完成对接，标志着全国12315平台在四川正式上线运行，实现了四川省市场监管投诉的"六统一"，即统一热线号码、统一运行平台、统一工作机构、统一制度规范、统一分析研判和统一绩效评价。①这一综合维权服务平台的建立能够便捷服务消费者对于食品药品安全、制假售假、价格违法等行为的投诉举报，实现数据的综合分析与利用，精准服务市场监管执法，有效推动消费维权的社会共治。

三、餐饮与旅游消费法治

四川的美食、美景极负盛名，四川省的餐饮消费和旅游消费总体规模均在全国排名靠前。四川省2016年餐饮消费能力在全国各省市中居于第六位，四川省2019年旅游消费实力排名全国第六。在四川省消费服务立法与消费者权益保护中，餐饮、旅游消费立法与消费者权益保护是其重要内容。

（一）餐饮消费法治

四川餐饮消费法治的亮点主要体现于食品安全地方标准管理办法的制定与完善、食品安全突发事件应急预案的出台、小作坊小经营店及摊贩生产经营行为的规范等方面。"民以食为天"，如何保障广大消费者"舌尖上的安全"，是全社会所共同关注的问题。四川省从风险防治、源头治理、过程监

---

① 刘铭. 全新12315平台亮相四川　一个号码接收投诉举报[EB/OL]. http://www.cqn.com.cn/cj/content/2019-12/02/content-7851082.html，2019-12-02.

管、重点整治等方面着手，通过完善法律制度、严格监管执法，为实施全省食品安全战略提供了有力的法治保障。

1.制定和完善食品安全地方标准管理办法

为加强和完善四川省食品安全监管法制建设，使食品安全地方标准管理制度化、科学化，进一步规范四川省食品安全地方标准管理工作，2011年上半年，四川省卫生厅成立了由法律专家、食品安全标准专家和行政人员组成的《四川省食品安全地方标准管理办法》起草小组，在对四川省食品安全地方标准管理工作进行充分调研和分析论证的基础上，参照《食品安全国家标准管理办法》和《四川省地方标准管理办法》，先后制定了《四川省食品安全地方标准管理办法（草拟稿）》和《四川省食品安全地方标准管理办法（讨论稿）》。2012年11月，形成《四川省食品安全地方标准管理办法（征求意见稿）》，在广泛征求意见的基础上，同年12月，四川省卫生厅正式出台了《四川省食品安全地方标准管理办法》。

2018年，四川省启动《四川省食品安全地方标准管理办法》的修订工作，加强食品安全风险防范和源头治理。为强化食品安全监管，四川省还将《四川省食品安全地方标准管理办法》的修订工作纳入了2018年食品安全重点工作安排之中。

2.出台食品安全突发事件应急预案

为最大限度地防范和降低食品安全突发事件的危害，2017年8月，四川省人民政府办公厅出台了《四川省食品安全突发事件应急预案》，对组织指挥、监测预警、信息报告、应急响应、后期处置等方面做出了细致的规定，包括食品安全事件应急处置的目的、依据、事件分级、事件处置原则、指挥体系、应急保障、监测、预警、报告、评估、应急响应、后期处置以及责任追究等内

容，并明确划分了各相关部门的职责。相较于此前出台的《四川省食品安全事故应急预案》，新出台的《四川省食品安全突发事件应急预案》有三个特点：一是适用范围更大，将食品安全舆情事件纳入食品安全突发事件，明确要加强对广播、电视、报刊、互联网及移动网络等媒体上有关食品安全舆情热点信息的跟踪监测、收集、分析与研判；二是分级标准更加完善，将已经或可能造成危害或不良影响的食品安全舆情事件纳入分级标准中；三是进一步细化了事件报告时间、部门通报协作责任、属地优先处置等规定，以便更好地实现食品安全事件早发现、早报告、协同处置和科学应对。

3.规范小作坊、小经营店及摊贩生产经营行为

为规范四川省食品小作坊、小经营店及摊贩的生产经营行为，促进餐饮行业健康发展，《四川省食品小作坊、小经营店及摊贩管理条例》于2017年3月1日起正式施行，引导和规范四川省行政区域内食品小作坊、小经营店、摊贩等小规模食品生产经营者从事食品生产经营活动和监督管理机制。成都市食品药品监督管理局还依据《四川省食品小作坊、小经营店及摊贩管理条例》制定了《成都市食品小作坊、小经营店及摊贩管理实施细则（试行）》，于2017年6月1日起正式实施。2018年3月，四川省食品药品监督管理局结合监管实际，依据《四川省食品小作坊、小经营店及摊贩管理条例》，制定并发布了《四川省食品小作坊、小经营店及摊贩行政处罚裁量基准》。

《四川省食品小作坊、小经营店及摊贩管理条例》创设了"食品小经营店"概念，将小规模食品生产经营活动全部纳入调整范围，它的颁布对四川省防范餐饮行业食品安全风险、规范食品安全监管行为以及保障广大消费者的餐饮食品安全具有重要的里程碑意义。《四川省食品小作坊、小经营店及摊贩管理条例》是将多种食品生产经营业态全部纳入管理的省级地方性法规，这在全国范围内是一种新的尝试和举措，解决了长期以来小规模食品生

产经营监管于法无据的问题，是对现行食品安全法律制度的有效补充，为四川省餐饮行业管理和食品安全依法治理提供了有力的法律支撑，实现了监管无盲区。①《四川省食品小作坊、小经营店及摊贩管理条例》还设立了首次监督检查制度，规定县级食品监督行政部门应当在发放食品小作坊、小经营店备案证或者收到食品摊贩登记信息之日起30日内，进行现场监督检查。这一制度设计在全国属首创，顺应了弱化事前审批、强化事中事后监管的时代需求，避免了事中事后的监管不力。

（二）旅游消费法治

四川是中国的旅游大省，四川省对旅游业的规范治理和健康发展一直都十分重视。2006年9月28日，四川省十届人大常委会第二十三次会议通过了《四川省旅游条例》，于2006年11月1日起施行。这是中国第一部全面规范旅游业的综合性地方法规，分为总则、旅游促进、旅游经营、旅游者的权利与义务、行业自律、行政监管、法律责任和附则等八个部分，对于导游吃"回扣"、旅行社违约、景区涨价、旅游购物消费、旅游投诉、旅游纠纷解决等消费者关注的热点问题都做出了明确的法律规定。

2012年5月31日，四川省十一届人大常委会第三十次会议对《四川省旅游条例》进行了修订并从2012年7月1日起施行。修订后的《四川省旅游条例》对《中华人民共和国旅游法》原则性的新规定做出了相应的细化，增加了关于旅游资源保护、旅游安全、旅游标准化等方面的相关内容，明确了"在合理开发利用旅游资源的同时要加大旅游资源的保护""旅游经营者应当保证设施设备的安全运行""旅游经营者可制定和实施严于国家标准、行

---

① 周炜. 补齐"三小"监管"短板"　引领带动全省食品安全水平整体跃升[N]. 四川日报，2017-02-22（04）.

业标准和地方标准的企业标准""建立旅游市场综合治理机制，加强对旅游市场的管理和旅游服务质量的监督检查"等立法规定。

此外，为推进四川省旅游业持续健康发展，提高全省依法治旅水平，四川省旅游管理部门和司法部门在全省范围内还经常开展旅游公益法律服务活动，举办旅游行业法律法规的宣传与普及教育活动、参与各级旅游行业的市场监督、参与旅游纠纷调解以及承担相关法律咨询和法律服务等。

四、出租汽车行业法治

出租汽车是一个城市文明的窗口，其服务质量的好坏直接关系到乘客消费者的切身利益，同时也是出租汽车行业管理水平和法治文明程度的综合体现。近年来，四川省出台了一系列地方立法和规范性文件，为出租汽车行业的规范化管理提供了良好的法制保障。

（一）加大出租汽车违法处罚力度

2014年11月1日起，新修订的《四川省道路运输条例》开始实施，将公交、出租车纳入道路旅客运输适用范围，对出租车拒载等行为作出相应处罚规定，加大乘客维权力度。新修订的《四川省道路运输条例》规定，客运经营者拒载旅客、途中甩客、擅自加价等，由县级以上道路运输管理机构责令改正，并处罚款，情节严重的，由原许可机关依法吊销相关经营许可和从业资格证件。

（二）深化出租汽车行业改革

为贯彻落实国务院办公厅《关于深化改革推进出租汽车行业健康发展的指导意见》，积极稳妥地推进四川省出租汽车行业改革，2016年10月，四川省人民政府办公厅出台了《四川省深化出租汽车行业改革实施方案》，在优先发展公共交通、适度发展出租汽车的前提下，推进出租汽车行业结构改革。一方面，通过改革经营权管理制度、健全利益分配机制、理顺价格形成机制、推动行业转型升级，深化传统巡游出租汽车改革；另一方面，通过加强监管、明确市场调节价和政府指导价、督促网络预约出租车经营者依法承担承运人责任和社会责任，规范网络预约出租车发展，有效提升四川省出租汽车行业服务水平和监管能力。

（三）建立出租汽车"黑名单"制度

为提高成都市出租汽车行业自律水平，强化行业管理的法治化程度，提升成都市出租汽车行业整体服务质量，2018年1月，成都市出租汽车协会出台了《成都市出租汽车行业自律公约》，从2018年1月1日起开始执行。《成都市出租汽车行业自律公约》约定，成都市出租汽车行业要建立出租汽车"黑名单"制度，凡有严重违规行为，被行业管理部门或所属企业查处的出租汽车驾驶员，其相关信息将被协会分类录入行业信息管理系统，在一定期限内或终身被行业禁入。这一出租汽车"黑名单"制度将达到巡游出租车与网约出租车行业的全覆盖，即巡游出租车行业禁入的驾驶员在网约出租车行业也要禁入，网约出租车行业禁入的驾驶员在巡游出租车行业也要禁入。《成都市出租汽车行业自律公约》将驾驶员的违规行为分为A、B、C、D四

大类，禁入年限分别为终身、五年、三年、一年。《成都市出租汽车行业自律公约》的执行，将对驾驶员拒载、绕道、计价器作弊、交通违法等严重违法违规行为起到有效的遏制作用，这对保障消费者合法权益、提升成都市出租汽车行业服务整体质量和行业管理水平起到了积极作用。

五、老年消费者权益保障

　　敬老、爱老、助老是中华民族的传统美德，老年人权益保障不仅仅是家庭和个人的现实问题，也是一项重要的社会命题。从1999年开始，我国60岁以上的老年人占总人口比例超过10%，根据联合国的预测，到2035年中国老年人占总人口比例将高达28.5%，这意味着中国已正式迈入老年型国家行列。2017年，四川省60周岁及以上人口为1751万人，占常住人口的21.09%，较全国平均水平高3.79个百分点；2018年，四川省65周岁及以上人口为1181.9万人，占常住人口的14.17%，较全国平均水平高2.23个百分点。2020年，我国老年消费市场规模将达到3.79万亿元，无论是老年用品市场还是养老服务市场都有较大的刚需，我国老龄产业市场潜力巨大，"银发经济"将成为新的经济发展增长点。

　　近年来，食品、药品、营养保健、医疗和养老等方面的消费是老年群体的主要消费需求和消费关注热点，然而不容忽视的是，一方面，老年人急需的老龄产品和养老服务有效供给不足；另一方面，老年消费者权益受到侵害的案例层出不穷，主要在食品、药品、营养保健、医疗、餐饮等方面受损比例较高，老年消费者维权意识有所提高，但是维权质量和效果还有待提升。为保障老年人合法权益，四川省从完善老年人权益保障法律制度、开展老年人消费维权法制宣讲、规范老年消费市场、出台老年消费者优待政策等方面着手，切实为老年消费者维护合法权益提供有效的法治保障。

（一）修订四川省老年人权益保障条例

为保障老年人合法权益，2018年四川省启动了《四川省老年人权益保障条例（修订草案）》的立法工作，这是自1989年出台《四川省老年人合法权益保护条例》28年以来首次修订。2018年7月26日，《四川省老年人权益保障条例》正式通过，自2018年10月1日起施行。新修订的《四川省老年人权益保障条例》明确规定："建立健全保障老年人权益的各项制度，完善以社会保险、社会福利、社会救助、公益慈善事业等为基础的老年人社会保障体系，健全以居家为基础、社区为依托、机构为补充、医养相结合的社会养老服务体系，规范老年消费市场，建设老年宜居环境，丰富老年人精神文化生活，扩大老年人社会参与，实现老有所养、老有所医、老有所为、老有所学、老有所乐。"

（二）健全社会养老服务体系

随着人口老龄化问题的日益凸显，养老服务不再是针对特殊困难老人的补缺型服务，而是一项惠及所有老年人的民生服务。四川的养老服务形式正在从机构集中照料为主向居家养老、社区养老、养老机构照料等多层次和体系化方向发展，居家养老和社区养老将成为多数家庭的一种养老服务形式。四川省积极探索居家养老和社区养老新型模式，健全社会养老服务体系。

2019年，《四川省人民政府办公厅关于推进养老服务高质量发展的工作方案（征求意见稿）》指出，建立失能老人家庭成员照护培训机制，将培训

纳入政府购买养老服务目录，支持社会资本兴办失能照护专业培训机构；探索建立家庭喘息服务机制，对长期需要由家庭成员居家照料的失能、失智、残疾老年人，通过政府购买服务的方式，提供临时性替代照护服务，减轻家庭成员负担；鼓励将符合条件的社区养老服务设施改造升级为社区养老服务综合体，委托专业组织运营，民政部门每年对运营效益进行评级，并给予相应奖励。

2020年2月3日，四川省人民政府办公厅印发了《关于推进四川养老服务发展的实施意见》，提出实施居家社区养老服务提质增效工程和养老服务消费促进工程，到2022年力争全省所有街道和有条件的乡镇至少建有1个社区养老服务综合体，社区日间照料机构覆盖率达到90%以上，特殊困难老年人月探访率达100%，将四川省打造成西部养老服务高地、全国养老服务示范省，在保障人人享有基本养老服务的基础上，全面建立居家社区机构相协调、医养康养相结合的养老服务体系，有效满足老年人多层次、多样化养老服务需求。

（三）规范老年消费市场

为维护老年人合法权益，四川省各级市场监督管理部门和保护消费者权益组织集中开展老年饮食用药、消费维权专题宣传活动，向老年人宣讲食品药品安全相关法律法规，发布典型案例，提醒老年消费者警惕消费陷阱，增强老年人识假辨假和消费维权的能力。自贡等地还为老年人开辟了消费维权快速通道，对涉及老年消费者的消费投诉、举报，做到优先快速处理。四川省各级市场监督管理部门积极开展"红盾春雷行动"，将老年人保健药品、保健器械、文化艺术品消费市场以及会销活动纳入监管整治重点，公安、质监、食药监等部门完善执法协作机制，对侵害老年人权益的违法行为实施精准打击，收到了良好的社会效果。

（四）老年消费者购票和旅游优待

四川省对老年消费者实行购票和旅游优待。新修订的《四川省老年人权益保障条例》规定："鼓励对非高峰时段乘坐城市公共交通工具的老年人实行免票，对落实老年人乘坐公共交通工具免票的企业应当给予相应补助。车站、机场、港口码头和景区应当为老年人设置购票优先窗口、专用等候区以及通行绿色通道。博物馆、美术馆、科技馆、纪念馆、公共图书馆、文化馆、体育场馆、公园等公共文化、体育设施应当根据其功能和特点，按照国家有关规定向老年人免费或者优惠开放。"

老年人旅游优待问题备受关注。《四川省老年人权益保障条例（修订草案）》三审稿将"对不满六十五周岁老年人，鼓励在非法定假日免收门票，在法定假日实行门票半价优惠"修改为"实行政府定价和政府指导价的旅游景区，对年满六十五周岁老年人免收门票；对不满六十五周岁老年人，在非国家法定节假日免收门票，在国家法定节假日实行门票半价优惠或者免收门票。老年人凭身份证或者老年人优待证等有效证件享受相应优惠"。该项优惠举措被审议通过的《四川省老年人权益保障条例》最终确定。

六、积极开展消费法制宣传教育

四川省积极引导消费者开展法制宣传教育活动。在每年的"3·15"期间，在全省范围内都启动了关于消费普法与维权的一系列法制宣传教育主题

活动，积极提升消费者的法律素质和维权水平。四川省工商局和四川省保护消费者权益委员会充分发挥12315和12348热线平台的作用，及时受理消费维权咨询和投诉，为消费者解答疑问、化解纠纷并积极提供法律援助，查处侵犯消费者利益的违法行为，为消费者的合法权益保驾护航。

2017年，为组织部署好全省统一的"3·15"法制宣传活动，四川省司法厅会同四川省依法治省办、四川省工商局和四川省保护消费者权益委员会等单位联合下发了《关于深入开展"3·15"国际消费者权益日系列法制宣传教育活动的通知》，提出以消费者民生实事为重点，以推动解决关系消费者切身利益的问题为着力点，以"3·15"消费者权益日为契机，加大法制宣传力度，保障广大消费者的合法权益。司法厅在活动期间组织各地司法行政部门在当地广场、车站、市集等人群集中场所开展有针对性的法制宣传教育和法律咨询服务活动，结合消费领域重点、难点、热点问题，通过"以案释法"等形式深入宣传《中华人民共和国消费者权益保护法》《中华人民共和国产品质量法》等一系列法律法规，向消费者普及消费维权知识。同时还加大了媒体普法力度，充分发挥广播、报刊、电视、移动通信等传统媒体的作用，扩大活动的影响面和覆盖面，并充分利用微博、微信、APP等新媒体向消费者推送普法和维权信息，提高消费者在消费法制宣传活动中的参与度。

图4-1　四川省消委会举办的2019年度全省消费纠纷优秀典型案例评选活动（图片来源：四川省保护消费者权益委员会官方微博）

此外，四川省每年定期发布年度消费维权典型案例，对消费维权进行法制警示和法律指导；每年定期表彰消费维权十佳律师，对致力于消费维权的法律界专业人士进行宣传和激励；每年定期开展消费维权法治研讨活动，对消费维权立法、执法中存在的问题进行深入探讨，促进消费维权，保障消费者权益。

七、创建放心舒心消费城市

四川省在"放心消费城市"的基础上提出了创建"放心舒心消费城市"。放心主要是指商品质量安全可靠使人放心，舒心主要是指服务质量上乘使消费者产生愉悦的体验。开展"放心舒心消费城市"创建，打造"互联网+消费维权"新模式，提高经营者的诚信度、消费者的满意度和消费过程体验舒心度，营造良好消费环境。

（一）开展"放心舒心消费城市"创建工作

2016年3月，四川省在全国率先启动"放心舒心消费城市"创建工作，先后选取了成都、乐山、遂宁等9个市州进行试点，力争用5年时间，基本形成政府主导、企业主体、部门联动、群众参与、社会监督的消费维权社会共治大格局，打造一批放心舒心消费示范企业、行业、街道（区）和城市。① "放心舒心消费城市"创建从2016年开展至今成效显著，2018年开始

---

① 刘宏顺. 从3个城市试点到全省全面铺开 四川倾力打造放心舒心消费环境[N]. 四川日报，2018-03-05（13）.

在全省范围内全面推开，全面优化升级全省消费环境。随着创建工作不断深入推进，各试点地区创建特色鲜明、成效明显，涌现了许多特色做法和模式。成都市将"食品安全城市""美食之都""最佳旅游城市"和"购物天堂"等创建工作与"放心舒心消费城市"创建相结合，截至2018年，已建成84个"创建放心舒心消费示范单位"，涉及市场主体10000多家。乐山市推出"一店一码"创建方式，维权时间缩短至10分钟，已有234个部门入驻快速维权平台，实现90%以上一般消费纠纷"不出店门、不出街区、不出景区"。德阳市建立消费信用评价系统，覆盖6大类14个行业、3319户商家。遂宁市建立"诚信遂宁网"，通过"一码通"平台整合维权资源，实现快速高效维权。

（二）"互联网+政务服务"创建模式

2018年1月24日，原四川省工商行政管理局与深圳市腾讯计算机系统有限公司在成都签署战略合作协议，依托"互联网+政务服务"创建模式，深化"放心舒心消费城市"创建，强化市场监管和消费维权工作效能，运用微信平台打造基于互联网的消费维权新模式，借助新媒体宣传四川省"放心舒心消费城市"创建成效，打造"放心舒心消费城市"创建示范商圈、示范景区。①四川省"放心舒心消费城市"创建还将借力"互联网+"，与"智慧工商"实现联通，建设快速维权、品牌宣传、工作服务等模块，把"放心舒心消费城市"打造成为民惠民的品牌和展示四川软实力的"名片"。②

---

① 刘佳. 我省全面创建"放心舒心消费城市"[N]. 四川日报，2018-01-26（08）
② 刘佳. 四川工商与腾讯签署战略合作协议　共创放心舒心消费城市[EB/OL]. https://cbgc.scol.com.cn/news/70484，2018-01-24.

（三）加强标准体系建设

四川省人民政府官方网站资料显示，2020年4月，四川省市场监督管理局出台了《营造放心舒心消费环境促进消费扩容提质实施方案（2020—2021）》，加强标准体系建设，建立消费评价，推动制度机制维权，深化"互联网+快捷维权"，开展服务领域监管执法，探索建立消费纠纷多元化解机制。加强标准体系建设是实施方案中的一大亮点，四川省将开展放心舒心消费城市创建规范和验收指标研究，推动建立全省家装、汽车等重点行业领域放心舒心服务标准体系，加大对涉及家装维权服务等省级地方标准的制定和修订力度，引导市州建立具有地方特色的放心舒心消费环境标准体系。

法治宏观篇

四川法治读本

《第五章》

地方立法的四川样本

习近平总书记曾指出，广大人民群众对立法的期盼，已经不是有没有而是好不好、管不管用、能不能解决实际问题。[①]四川立法紧扣良法善治的精神，提升地方立法质量，围绕省委省政府重大发展战略及推动国家治理能力和治理体系现代化，强化重点领域立法，推进地方特色立法，积极探索地方性法规、规章的立、改、废、释，配合社会经济的发展，构建以党委领导为中心、以人大主导为重点、以政府依托为基础、以各方参与为力量的科学立法格局。积极推进立法起草、协调、论证、审议的"四位一体"立法机制与步骤完善，推动与国家法律法规相配套的实施性立法，并在创制性立法上着重彰显地方特色，强化法规规章的有效性、系统性、针对性和及时性。四川省地方立法走过了一个从探索到推进再到有序发展的过程，遵循着科学立法、民主立法、依法立法的逻辑与路径前进。在此进程中，四川省地方立法工作呈现出如下五种样态。

一、彰显地方特色：结合地方立法的实际贡献四川智慧

四川省立法坚持社会主义核心价值观，并以此改进《四川省〈中华人民共和国文物保护法〉实施办法》《四川省老年人权益保障条例》《四川省教育督导条例》等，探索完善《四川省纠纷多元化解条例》《四川省中医药

---

① 丁祖年.提高地方立法质量重在精细化[N].人民日报，2020-04-21（09）.

条例》《四川省阆中古城保护条例》等。重视脱贫攻坚领域立法，积极制定《四川省乡村振兴促进条例》，改进《四川省农作物种子条例》。探索环保领域立法，推进绿色发展，出台《四川省沱江流域水环境保护条例》，修改《四川省城市园林绿化条例》《四川省自然保护区管理条例》《四川省固体废物污染环境防治条例》等。积极探索创新试验，制定《中国（四川）自由贸易试验区条例》《四川省地方金融监督管理条例》《成都国家自主创新示范区条例》等。推进依法行政领域层面的立法工作，制定、修改《四川省统计管理条例》《四川省预算审查监督条例》。

　　突显地方特色是地方立法工作中不可忽视的关键点。对地方在独特的历史文化背景和自然条件下的特有事务进行立法，不但能彰显浓郁的地方特色、传达当地的人文魅力，还能取得有针对性的实践效果。地方特色可以说是地方立法工作中的点睛之笔，地方立法的独特价值就在于其特定的地方特色，并借助其解决地方的实际问题。四十多年来，四川省的立法工作都稳固扎根于省情，结合实际分别研究制定《四川省都江堰水利工程管理条例》《凉山彝族自治州水资源管理条例》《四川省纠纷多元化解条例》《四川省赤水河流域保护条例（草案）》《四川省阆中古城保护条例》等与地方特色充分贴合的创制性地方性法规，在推动新时代中国特色社会主义法治体系建设、助推四川社会经济发展的工作中贡献了四川智慧。

（一）《四川省阆中古城保护条例》：表达文化自信

　　《四川省阆中古城保护条例》已实施十余年，对阆中古城的保护、管理和发展，发挥了重要作用。该条例展示了四川省的文化自信，对当时盛行的大拆大建行为说"不"，凝聚历史文化共识，沉淀历史文化底蕴。阆中如今已是四川省内著名的名胜景区，阆中的旅游事业也得到了蓬勃发展，有力地

促进了四川省经济的发展。2019年，《四川省阆中古城保护条例》在经过修订之后，对古城的保护范围进行了更明确的分化及扩大，区分建设控制区、环境协调区以及核心保护区。为了将对阆中古城的保护落到实处，还加入了以下规定：损害、破坏抑或是擅自占领、使用古水利工程、古井、古石刻、古牌坊、古城墙、工业遗址及其他相关遗址、遗迹的，由阆中古城保护管理机构责令限期复原、停止违法行为或进行其他弥补措施；若有违法所得，将对其进行没收，对个人并处5万元到20万元的罚款，若是单位违规可对其并处10万元到50万元的罚款；造成损失的，依法对所造损失承担赔偿责任。[①]制度的改进不但规范着行为以利保护，也呵护着人民内心的历史文化信仰，更促进了古城生态的绿色发展。

（二）《四川省都江堰水利工程管理条例》：促进绿色发展

《四川省都江堰水利工程管理条例》是四川省专门为我国大型水利工程制定的一部地方性法规，它的出台标志着凝聚古人智慧的都江堰水利工程步入了法治化、规范化的轨道，在法治层面为都江堰水利工程的安全运行和保护利用提供了保障。值得一提的是《四川省都江堰水利工程管理条例》并未完全按照依靠现有技术对都江堰水利工程进行保护的方向去设立笼统的规则，而是结合了都江堰工程的修建经验，将"岁修"制度设定在《四川省都江堰水利工程管理条例》之中，以古托今，传承先人的智慧结合现代的制度，共同守护着水利工程的安全运行。《四川省都江堰水利工程管理条例》的制定使千年古堰都江堰水利工程的保护利用有了法制保障，使得四川省的地方特色在立法上充分展现；对加强都江堰灌区保护，促进都江堰灌区经济

---

① 《四川省阆中古城保护条例》第二十九条及第三十七条规定。

与社会绿色、健康、可持续发展具有重要作用。《四川省都江堰水利工程管理条例》的实施维持了都江堰灌区的供用水秩序，进一步强化了对都江堰水利工程的保护及管理，有助于推动灌区的经济社会发展。

（三）《四川省纠纷多元化解条例》：强化源头治理

《四川省纠纷多元化解条例》在四川省第十三届常委会第十四次会议上审议通过，于2020年1月1日正式施行，让四川省的纠纷解决机制工作有法可依，推动了纠纷化解工作的规范性。

《四川省纠纷多元化解条例》对纠纷多元化解工作领导责任制作出规定；大力完善行政执法上的纠错以及监督管理制度，行政执法责任制添加了防范及解决行政争议的考核指标，从根源上遏制行政争议的问题；针对多发、群体性的重大复杂疑难纠纷，设置了督办、防范和研究调查机制；对纠纷管理构建了分类分级机制以及分级递进调处机制等。

《四川省纠纷多元化解条例》还重点强调了人民调解的基础性作用，就人民调解组织处理特殊纠纷作出规定，对民间调解流程进行规范和引导，调动多元化解纠纷主体的主动性，为四川省多元化纠纷解决机制注入更多活力。

二、展露时代特征：四川省立法与改革开放"同频共振"

从中国改革开放初期起，鲜明的时代印记镌刻进了四川省四十多年的立法实践进程中。四川省地方立法始终与时代同步伐、与改革同频率、与实践同发展，为全省经济社会改革发展提供了坚强的法制保障。

四川省第五届、六届人大及其常委会时期（1980—1987年），时逢党的十一届三中全会明确指出社会主义法治建设的基本方针即"有法可依、有法必依、执法必严、违法必究"，重新构建社会经济秩序和地方政权机构的运转秩序成了地方立法的重要目标之一。在此时期，四川省研究制定《四川省土地管理暂行条例》《四川省县、社两级人民代表大会选举实施细则》等地方性法规，积极探索相关领域的立法。

随后，在四川省第七至第九届人大及其常委会时期（1988—2002年），中国的经济建设正处于一个快速发展的时期。由于中央允许地方立法"先行先试"的政策配合，四川省立法在经济建设和改革开放的急切需求下进入了快速发展的"高产期"阶段。在此期间，四川省共制定了259件地方性法规，其中行政性法规96件，经济性法规95件。①由改革初期的"立法空白"转向"有法可依"的重要改变基本完成。

四川省立法在第十届、十一届人大及其常委会时期迈入了一个稳步发展的阶段。第十届全国人大常委会于2003年明确指出了"一个重点、一个目标"的立法方向："一个重点"是要提升立法水平及质量，"一个目标"则是基本在本届全国人大及其常委会的5年任期内争取形成中国特色社会主义法律体系。2004年，四川省第十届人民代表大会及其常务委员会专程在此阶段出台了《四川省人民代表大会常务委员会关于提高地方立法质量有关事项的决定》，由此可见四川省对提高立法水准的重视程度。与此同时，还设置了常委会组成人员三次审议制度，在常委会议事日程中加强了民主立法的地位。2012年四川省立法工作严格遵守法定权限和程序，坚持依法立法，坚持科学立法，深入基层、深入群众，广泛调查研究，正确认识和把握经济社

---

① 中国社会科学院法学研究所，四川省人大法制委员会，四川省人大常委会法制工作委员会课题组. 中国地方立法实践分析：以四川地方立法为背景[M]. 北京：中国社会科学出版社，2015：6.

会发展规律，解决实际问题，确保立法质量。四川省坚持贯彻党的十八大精神，紧紧围绕省委、省政府中心工作确定立法项目。把促进经济发展、深化改革开放、社会管理创新、保障和改善民生、加强政府自身建设等方面急需制订或者修订的地方性法规、省政府规章项目作为工作重点，着力为推进四川省科学发展、加快发展、改善民生、全面建成小康社会提供有力的制度保障。根据人民网数据，四川省人民代表大会及其常务委员会截至2013年底现行有效的地方性法规共制定了196件，其中有90件因其操作、实用性不强或与上位法相触等原因被建议进行修改或废止。根据四川人大网数据，2018年，四川省人大常委会共召开省人大常委会会议9次，听取和审议专项工作报告16个，共批准38件民族自治地方单行条例以及市州地方性法规，对26件地方性法规进行了定、改、废工作，开启执法检查工作4次。四川新闻网数据显示，截至2019年底，四川省级地方性法规294件，市州地方性法规共批准181件，市州单行条例以及民族自治地方自治条例共批准106件，基本涵盖了全省政治、经济、社会、文化、科教、生态等各个领域。

　　总的来说，四川省的地方立法工作坚决坚持党的领导，注重发挥人大的主导作用，对年度立法计划和五年立法规划进行了科学的研究与制定，对法规的立项、起草和审议修改环节层层把关、积极推动。新时代正面临着改革发展的迫切需要，而这些地方性法规的制定则有效地使其得到回应；同时，地方立法的成果也使得人民群众的期盼得到了实现，从文化、经济、社会、政治、生态建设等多角度促进了四川省的全面健康发展。

　　四川省地方立法工作在上述不同阶段都表现出四川省立法在改革中的创新与进步，既彰显了时代特征又跟随时代发展而前进。

三、优化体制机制：四川省立法稳步前行并推动治蜀兴川

　　四川省的立法理念随着地方立法工作也在不断地进行改革与创新。

　　一是坚决加强党委对立法工作的领导作用。党的十八大以来，四川省委坚决贯彻党中央依法治国的决策部署，全面深入推进依法治省，持续用力加强法治建设，密集出台加强地方立法工作的制度规范。2013年出台《四川省依法治省纲要》；2015年出台《中共四川省委关于进一步加强人大工作和建设的意见》；2016年出台《中共四川省委关于加强党领导立法工作的实施意见》；2018年出台《四川省依法治省2018年工作要点》；2020年为进一步提高立法质量，加强地方立法针对性，展开了对《四川省司法鉴定管理条例（修订草案）》的立法调研工作。党对地方立法工作的领导制度不断完善。同时，在省委工作机构中设立"依法治省"专门机构对法治工作进行统筹协调。省委分别就五年立法规划、年度立法计划、地方性法规清理、推进市州行使地方立法权、立法队伍建设等问题，先后12次听取省人大常委会党组的汇报。省人大常委会和各市州人大常委会始终把坚持党的领导贯彻到立法工作全过程和各方面。增强"四个意识"，坚定"四个自信"，坚决做到"两个维护"，自觉在政治立场、政治方向、政治原则、政治道路上同以习近平同志为核心的党中央保持高度一致，确保地方立法工作正确的政治方向，确保党的领导贯彻到立法项目的确立、论证、协调、修改、审议的全过程和各方面，确保党的主张通过法定程序转化为全社会的共同意志。省和各市州党委还定期召开人大工作会议，定期听取人大的工作汇报进展，对重大立法事项和立法工作重大问题进行认真审议，审定人大常委会五年立法规划和年度立法计划。同时，省和市州人大常委会党组坚持重大立法事项专题报告制度，重大立法事项及时请示同级党委，并坚决贯彻落实同级党委的决定。

二是坚决加强人大对立法环节中的主导工作。四川省人大常委会强化了对法规的立项、调研、起草、审议等环节的主导，切实提高地方立法质量。近年来，四川省在立法项目的制定及立法规划研究上面，逐渐改变了以前以政府申报为基础、人大立法"等米下锅"的做法，加强了人大在工作中的主导地位，人大代表每年提出议案的项目数量在立法计划中都占有不少的比例。省人大常委会还采用了其他多种措施，如将人大代表的立法建议转化为法规草案，来强化人大代表在立法中的作用；在立法过程中积极考虑人大代表的相关意见，主动邀请人大代表参与立法座谈会、立法调研等相关立法活动，并认真吸收他们的有关建议，充分做到集思广益。省人大常委会将听取人大代表意见的工作长效并制度化，全方位地形成了规范化的立法参与机制。在立法工作中积极督促有关机关及时报送法规项目并按规定程序将法规案提交常委会审议；法工委每年底向常委会主任会议报告立法计划执行情况，对于未按计划在当年内提请审议的，要求有关方面说明情况，确保立法计划的有效执行。四川省人大常委会注重组织间的工作协调，变政府部门、人大有关专委会和法制委、人大常委会法工委各管一段的"接力赛跑"为各方参与的"长跑"，共同参与调研、起草等立法活动。积极探索由人大牵头组织起草综合性、全局性、基础性法规案和委托起草法规案。近年来，酒类管理条例、电信设施建设保护条例等一批法规草案由省人大有关方面牵头起草，数量较以往有大幅增加。

三是立法程式和指导精神产生了巨大的变化。中国法治建设在改革开放初期百废待兴，地方立法工作的开展可以说是从零开始。地方立法的工作开展在最初属于"摸着石头过河"，为了适应经济社会的发展需要，地方性法规的制定可能较粗糙与快速。"有比无好、粗比细好、快比慢好"，健全

法制和有法可依是当时地方立法工作的基本指导精神。党中央明确指出了要全力推进社会主义法治国家的建设，强调依法治国的重要性，提出了法治是治国理政的基本方式。中国共产党在依法治国的过程中，从未放弃对更高目标的追求，从"法制"到"法治"，再从建设"法治国家"到建设"法治中国"，完成了两次重要飞跃。建设社会主义法治国家的重点在于立法，重视立法环节是实现"有法可依"的关键步骤。而"法治"不只包含文本意义上的法，也包含法的实施、执行和遵守的状态，强调法的治理这个动态过程，含有立法、司法、执法和守法等各个法治建设的环节。所以，地方立法应结合形势的转变，在建设法治国家、强调依法治国的新时期，对自身角色的职能进行改变，把过去那套依靠对改革经验的总结来达到有法可依状态的惯性思维以及立法跟着改革走的习惯模式转向对顶层设计的注重，并且努力推进基层制度的创新化，让两者相配合，提升立法水平，确保立法质量，依法大力推进国家治理体系和治理能力现代化，将全面深化改革的实现落实在法治轨道上。在这样的形势呼唤下，"边立法边改革"甚至"先立法后改革"成为地方立法工作中新的指导准则。经由思想转变，用法治建设的理念指导地方立法工作以提高立法质量，在依法治国的背景下，制定地方性法规，实现与国家法律、行政法规相配套，全力推动法治四川和法治中国的建设工作，积极推动国家治理体系和治理能力的现代化、实现依法治国和党的领导的有机统一，成为四川省新时期地方立法的主节奏。

四是稳步推进立法工作的法定化、科学化和民主化。四川省立法工作认真贯彻实施修改后的《中华人民共和国立法法》，对《四川省人民代表大会常务委员会议事规则》作了进一步的修改，对常务委员会的议事活动进行了更严格的规范，提高审议质量。审议通过《四川省人民代表大会及其常务委员会立法条例》，该条例进一步完善四川省法规草案统一审议机制，健全报批法规审查规则，规范备案审查工作流程，充分调动人大在立法工作中的主导作用，为四川省依法立法、科学立法、民主立法的一体推进工程提供了可遵循的条文制度。

加强科学立法。为科学立法建立良好的支撑平台，建立法制工作联系点，确定攀枝花等5个市（州）人大常委会为第一批联系点，把立法活动延伸到基层；搭建地方立法咨询专家库，聘请的多名立法咨询专家，涵盖法律、政治、经济、社会管理、民族宗教、教育科技、医疗卫生、生态文明、资源环保、语言文学等各个领域；组建地方立法评估协作基地，确定四川大学法学院、四川省社会科学院法学研究所等多家教学科研单位为成员单位，接受委托开展地方立法评估、法规草案起草、地方性法规清理和规范性文件备案审查等工作。加强立法"回头看"，开展法规清理，根据中国人大网中汇报数据，2014年对全省现行有效的196件地方性法规、成都市69件地方性法规、三州四县67件自治条例和单行条例共332件进行集中清理并提出立改废意见，重点处理地方性法规与上位法相抵触、与社会发展不协调、与全面深化改革不适应和操作性不强等问题。认真吸取甘肃祁连山自然保护区"立法放水"造成严重生态环境破坏的深刻教训，2018年，四川省人大常委会正在组织四川省政府有关部门、四川省人大的相关专门委员会、四川省人大常委会法工委和四川各市州、自治县的人大常委会，对现行有效的涉及生态文明和环境保护的地方性法规开展清理排查，并将根据清理结果对不符合要求的法规进行修改或废止。四川省人大法制委以及四川省人大常委会法工委积极探索省、市、县三级人大联动，发挥科研院所、基层人大和专家的专业优势和职能特色，共同努力推进市、州法治工作联系点、立法咨询专家库以及立法评估协作基地制度的建立，以"一点、一库、一基地"为依托，将基层的立法工作作为关键基础，重点提升立法质量及立法水平。

重视民主立法。四川省坚定贯彻开门立法的精神，2005年1月12日，四川省人民代表大会常务委员会审议通过了《四川省地方性法规草案公开征

求意见办法》以及《四川省人民代表大会常务委员会公开征集地方立法选题和立法建议办法》，明确规定了四川省人民代表大会常务委员会须在每年9月借助新闻媒体的平台，向全社会公开征集地方立法建议以及调查立法选题。与此同时，对涉及人民群众自身切实利益的有关法规草案，如减少公民权利、加强行政部门权力以及增加公民义务等，都需要在新闻媒体上公布，征求社会大众的建议。如今，在这项规定的实施下，所有的法规草案都须经历公开发布以征求社会看法的流程。在立法过程中，对与管理相对人有重大利害关系的法规草案，设立的立法听证制度明确规定了须举行听证会，重点关注管理相对人的有关建议，采取调查研究、论证会、座谈会等多种形式，广泛征求常委会组成人员、人大代表、地方人大、政府部门、专家学者、人民群众及利益相关方的意见，目前这一做法已形成制度。实行深入基层调查研究制度，始终坚持深入基层，深入一线现场查看，到田间地头、工矿车间倾听群众呼声，征求群众意见，力求制定出来的法规更具有针对性和可操作性，更加符合人民群众的期待。发挥人大代表和常委会组成人员的作用，高度重视常委会组成人员的审议意见，逐条梳理，认真研究，能采纳的全部采纳，不能采纳的说明理由。合理安排常委会会议时间，确保组成人员充分发表审议意见，确保法规草案得到充分审议，进一步提高审议质量。

四、描绘民族色彩：灵活民族自治地方立法之四川模式

四川省是一个多民族的大家庭，境内辖凉山彝族自治州（中国最大彝区）、甘孜藏族自治州、阿坝藏族羌族自治州和北川羌族自治县（中国唯一的羌族自治县）。四川省民族自治地方根据《中华人民共和国宪法》和《中

华人民共和国民族区域自治法》依法享有民族自治地方立法权。民族自治地方的繁荣发展离不开其民族自治地方立法权的妥当行使。

四川省人大常委会在民族区域立法实践的过程中，充分尊重各民族区域自治地方立法机关在立法工作中的主导地位，积极发挥统筹协同作用，大力支持民族自治地方立法机关立足其地方的实际特色，依法充分利用立法权，批准了一批既带有较高创新性又包含民族区域自治地方特色的单行法规。自四川省第五届人大常委会第十三次会议批准《甘孜藏族自治州施行〈中华人民共和国婚姻法〉的补充规定》开始，全省民族自治地方开始积极探索制定涉及动植物资源、语言文字、教育、突发事件、土地资源、宗教事务、非物质文化遗产、计划生育、婚姻继承、矿产资源、水资源、旅游资源、生态环境等各个方面的单行条例，门类健全，有效地促进了民族自治地方的社会经济发展。

四川省民族自治地方以调查研究为基础，在国家法律法规暂时缺位的情况下，结合自治地方的社会生产力水平，以自治区域内各民族的经济、文化、政治和社会特点为考量，结合社会科学、文化发展程度、教育以及当地的民族传统、民族文化、风俗信仰等因素，充分行使自治立法创制权。比如，"5·12"汶川特大地震发生后，《北川羌族自治县非物质文化遗产保护条例》由四川省第十一届人大常委会第二次会议批准通过，比国家层面的法律《中华人民共和国非物质文化遗产法》更早出台。阿坝藏族羌族自治州于2010年制定《阿坝藏族羌族自治州突发事件应对条例》，就如何预防、处理、善后突发事件等事项作出了具体且明确的条文规定，并对经济发展、社会稳定、民族团结贡献了不可忽视的力量，为当地面对和处置各种突发事件提供了有力的法制保障。这次就突发事件处理的立法工作探索，充分表达了民族区域法治建设的"四川特色"，为全国各民族自治地方提供了四川样本。

民族区域自治立法与一般的地方性立法相比较，其最大的优点与最突出的特色是其变通性。民族区域自治地方所制定的法规通过变通展示其独具的地方特点和民族特色，这也是民族区域自治立法的灵魂所在。四川省民族自治地方最近几年以民族区域自治地方的切实需求为方向，坚持贯彻依法行使立法权与法制统一的有机结合，立足于当地的地区实际、民族特色和社会现况，积极开展立法工作，科学制定立法规划、依法行使立法变通权，制定了一系列满足当地需求、符合实际的极具变通性特征的民族区域自治法规。比如，阿坝藏族羌族自治州作为在立法中明确规定十五年义务教育的民族自治地方，将《中华人民共和国义务教育法》中的"九年义务教育"变通规定为"十五年义务教育"，紧紧围绕本地少数民族对教育发展的迫切需要，保障当地民族享受基础教育的权利。《凉山彝族自治州水资源管理条例》在与《中华人民共和国水法》的基本原则精神并行不悖的基础上，从长远角度着想，围绕水资源的管理、保护及利用，结合了民族地区水资源运用的实际情况需要，作出了"水资源费、水木保持设施补偿费、渔业资源补救费、河道（堤防）工程维护管理费除上缴国家部分外全额留自治州"的规定。与之相类似，《阿坝藏族羌族自治州水资源管理条例》规定"依法征收的水源费和对水电站装机二十五万千瓦及其以下征收的水资源费除上缴中央部分外，其余全部专项用于自治州水资源的保护、节约、规划管理和开发利用"。这两部单行条例都在上位法的基础上加入了将上缴上级机关各类水费中的其余部分用于当地自治州相关建设的内容。这些变通性的规定不仅对民族自治地方的经济社会发展起到了重要的促进作用，也对全省的法治体系发展作出了较大的贡献，在全国范围内更是起到了示范作用，为其他省市的民族自治地方立法机关提供了参考经验。

五、推进协同立法：把握成渝地区双城经济圈建设机遇

下一步，四川省将重点围绕成渝地区双城经济圈的发展工作、环境资源保护工作以及基层脱贫攻坚奋战工作等重要事宜开展四川省的地方立法实践。认真学习长三角区域三省一市、京津冀关于协同立法的经验，结合周边省份实际情况，主动加强与贵州、云南、重庆等省（市）的立法协同工作，为协同治理赤水河流域提供法治保障，积极探索并建立健全泸沽湖生态环境保护以及成渝地区双城经济圈建设等协同立法的体制机制。

（一）实现赤水河流域的法治保障：促进云、贵、川立法协同

赤水河处于云、贵、川三省的接壤地区，是中国长江的一级上游支流。通过相关制度规定积极地保护赤水河流经的四川、贵州、云南三省的生态环境。《四川省赤水河流域保护条例》已于2021年5月28日审议通过，结合赤水河流域的实际情况，一共设立九章七十四条。与贵州省的赤水河流域相关规划相比较来看，《四川省赤水河流域保护条例》在制定层级与规划种类上更加精简到位，坚定贯彻了统一规划原则。除此之外，在赤水河生态的流域保护方面设置了"区域协同"专章，力图确保云、贵、川三省对赤水河流域生态保护的地方性法规无论是在内容抑或实施上都基本统一，与邻省在共同执法标准和技术规范、共抓战略机遇等方面协同合作。《四川省赤水河流域保护条例》的制定，以实现共定流域完善规划、共建基础完备设施、共商管理有效机制、共享信息资源分享、共助产业新兴发展为目标。《四川省赤水河流

域保护条例》将有效处理赤水河的两岸以及上下、干支流之间的相互关系，实现赤水河流域共管共治共赢的局面，为云、贵、川三省协同开展赤水河流域保护提供有力的法治保障。

（二）共同保护泸沽湖的合力：打造跨区域立法的"川滇样本"

泸沽湖位于四川省盐源县与云南省宁蒗县的交界处，四川、云南两省就川滇共抓泸沽湖保护治理展开了紧密的协商部署，联合出台了《川滇两省共同保护治理泸沽湖"1+3"方案》。四川省人民政府批复了《四川省泸沽湖生态环境保护试点总体方案》，要求凉山州人民政府结合当地城镇建设、生态环境、旅游发展规划、摩梭家园文明，从生态保育、污染防治、产业结构调整、水源保护、能力建设等方面推行保护试点项目。凉山州和盐源县政府在《丽江市泸沽湖保护条例》起草过程中积极配合，增加了对民族文化的保护和川滇协作机制的内容，与云南省丽江市、宁蒗县政府协商建立泸沽湖保护协调机制，把川滇两省共治共管共建泸沽湖纳入立法环节。

（三）凝聚成渝地区双城经济圈建设共识：探索立法协同的"成渝样本"

四川省、重庆市凝聚立法力量，用两地最大的力量，争取在最大限度上统筹规划两地的立法资源，合力推进，一体建设成渝地区双城经济圈；积极助力成渝地区发展，建立川渝两地协同立法机制，紧扣成渝地区双城经济圈建设规划，加强营商环境、生态环境、城乡治理等重点领域立法协作，推动形成与区域协调发展相适应的地方性法规和政府规章体系，防止立法差异造成经济融合发展壁垒。2020年6月16日至17日，川渝两地人大常委会达成初

图 5-1　川渝人大常委会签署合作协议（图片来源：四川新闻网）

步意向，在签订《川渝协同立法工作协议》的基础上，制定出台"两省市人民代表大会常务委员会法制工作机构联系制度"和"两省市人民代表大会常务委员会协同立法联席会议制度"，从而形成以"一个协议、两项制度"为主要内容的协作立法构架，加快构建协同立法机制、优选协同立法项目，并针对协商制定工作方案、调研论证立法需求、修改完善现行法规、探索开展先行先试等问题进行了初步的探讨。2021年3月，四川省和重庆市围绕优化营商环境已形成首个协同立法成果。

《第六章》

政府法治的四川实践

2015年底，中共中央、国务院印发《法治政府建设实施纲要（2015—2020年）》，提出到2020年基本建成职能科学、权责法定、执法严明、公开公正、廉洁高效、守法诚信的法治政府，建成法治政府的必要路径为政府法治。

一、立足长远　谋篇布局

（一）注重法治政府建设的顶层设计

四川省委、省政府高度重视法治，从宏观战略和微观任务全面布局和实施依法治省方针，在法治轨道上推进治蜀兴川。2016年，在《法治政府建设实施纲要（2015—2020年）》（以下简称《实施纲要》）的基础上，制定《四川省法治政府建设实施方案（2016—2020）》（以下简称《实施方案》）。《实施方案》以实事求是为原则，以现实问题为基础，规划和确定法治政府建设的长期目标与短期任务。《实施方案》主要分三部分：一是对四川省法治政府建设蓝图作了宏观描绘与展望。二是明确了具体举措和各阶段的工作划分。整个方案提出了104条具体的推进措施，涉及政府职能的全面履行、行政制度体系的完善、行政决策的优化、对行政权力的制约与监督等多个方面，对工作任务、时间进度、成果检验等都予以明确。三是组织保障和落实机制。方案主要从强化党对法治政府建设的领导，落实第一责任人责任，强化考核评价和督促检查，加强理论研究、典型示范和宣传引导4个方面，提出了11条具体措施，明确了责任单位。

（二）强化领导干部法治政府建设主体责任

四川省人民政府始终坚持全面深入推进依法治省方针，深刻履行其作为建设法治政府组织者和实践者的责任，不断完善和推进法治政府建设机制。具体执行上，强化部署安排，每年根据法治现实情况及工作进度研究制定"四川省人民政府年度法治政府建设工作安排"。为保证法治工作取得更优的实效，一是重视专项组织的作用，加强对全省法治政府建设工作的领导，成立四川省法治政府建设工作领导小组，由省长担任组长，常务副省长担任副组长，将落实《实施纲要》的主要责任单位作为领导小组成员单位，推动在全省范围内形成各级机关层层督促、层层落实的工作机制。四川省委、省人大常委会、省政府、省政协"四套班子"，办公厅和纪检、组织、宣传、统战、政法五部门建立"4+5"推进机制，21个市（州）党委书记切实履行法治建设第一责任人职责。二是严格落实责任制度，压实工作责任，尤其是明确领导干部的工作职责。出台了《四川省党政主要负责人履行推进法治建设第一责任人职责实施办法》和具体年份的"四川省人民政府主要负责人履行推进法治建设第一责任人职责的工作安排"，注重监督核查，阶段性检查落实情况；加强党内法规建设，2017年四川省委办公厅摸底梳理现行有效的省委党内法规制度106件，编制《2017年省委党内法规和规范性文件制定计划》，净化政治生态，出台《四川省贯彻〈中国共产党问责条例〉实施办法》，实施精准监督检查。《法治蓝皮书：四川依法治省年度报告（2018）》显示，查处扶贫领域突出问题1428件，给予党纪政纪处分1916人。与此同时，注重培养强化领导干部的法治思维与法治意识，通过"大讲

堂"学习会议等形式学法律、学政策，营造法治氛围。

二、职权法定　全面履职

（一）明确部门职责

在严格坚持职权法定的前提下，对照国家部委就省政府工作部门、部门管理机构的设置及职能进行梳理，在全面履职的同时突出重点，对生态环境保护、市场监管、公共服务等方面的机构设置和职能予以优化和强化。2017年，20个省政府工作部门、部门管理机构通过重新制定"三定"规定，明确了各部门的具体职责，12个省政府工作部门的机构编制事项得到调整规范。此外，对行政职责进行了全面系统的梳理，将本应由行政机关承担实际由33个事业单位行使的300余项行政职责划归行政机关。[①]

（二）深化"放管服"改革

一是坚持以"治权"为核心，深化行政审批制度改革。按照国务院对行政审批项目的调整进行对应清理和落实。开展省直部门非投资项目前置条件清理，取消调整186项前置条件，除国家规定需保留的698项外，自行设置的前置条件已全部取消。[②]二是坚持规范管理，公布权责清单。制定了《四川省权责清单动态调整管理办法》，将权责清单纳入常态化动态管理。2016年

① 徐毓蔚. 全年办理行政复议案件9735件　纠正1914件[N]. 四川法治报，2017-03-28（05）.
② 胡彦殊. 省级设定的非行政许可审批事项全面取消[N]. 四川日报，2015-01-01（01）.

底，38个行业行政权力（除行政许可）共6092项，已全部通过省政府门户网站向社会公布。[①]责任清单由各级政府在统一的架构体系下同步清理，确保权责一致。

深入推进简政放权，对各类行政权力、公共服务等事项进行清理和规范。持续推进"最多跑一次"改革，聚焦重点领域建立一体化办事规范和办理流程，推行"一窗受理"。持续开展减证便民行动，加强材料共享复用。加快推进"互联网+政务服务"，加强全省一体化政务服务平台建设，根据2019年四川省政府工作报告，省级政务服务事项网上可办率达到90%以上，市县级政务服务事项网上可办率达到70%以上。2018年实现全省行政权力事项较年初减少383项，发布四川省第一批"证照分离"改革事项106项。推行"一枚印章管审批"，改革试点地区行政许可权集中度平均达到80%以上。加快推进投资项目审批改革，建成四川省投资项目管理服务平台，98.8%的企业投资项目实现"不见面、不跑路、全网办"。根据2020年四川省政府工作报告，2019年全省依申请办理政务服务事项"最多跑一次"达98%，群众办事更方便更快捷。

政府全面履行职能与"放管服"改革并不相矛盾，而是与之相辅相成的，政府履行职能是在清晰自身定位基础上的行政实践，从这一角度来讲，"放管服"改革是全面履行职能的前提，全面履行职能就是政府在厘清和处理好"放"和"管"之间的关系后切实做好"管"和"服"。反过来讲，只有政府职能得到依法全面履行，"放管服"改革才能真正得到落实。四川省人民政府对行政权力的"收"与"放"就是"放管服"改革的体现，也是在全面履行和落实政府职责。

---

① 徐毓蔚.全年办理行政复议案件9735件 纠正1914件[N].四川法治报，2017-03-28（05）.

图6-1 2019年全省推进政府职能转变和"放管服"改革第一次会议（图片来源：四川省人民政府官网）

（三）强化全面履职

四川省人民政府依据法治政府建设工作安排详细确定各级行政机关及其各部门职责，并对推进行政权力依法规范公开运行工作开展专项督查。根据《法治蓝皮书：四川依法治省年度报告（2018）》，2017年持续深化行政审批制度改革，取消调整和下放省级行政审批事项41项，省级层面及以上核准事项比2014年底减少70%。重视市场监管、公共服务、生态环境保护等方面工作。严格实施市场监管，推进公平准入，全面实行"三证合一"，按照"一套材料、一表登记、一窗受理"模式，2019年底，70%以上政务服务事项实现"一窗分类受理"。核发加载统一社会信用代码的营业执照。不断探索和完善社会治理制度和方式，打造共建共治共享的社会治理格局。注重公共服务，着力建设民生工程，办理民生实事。注重生态环境保护，就中央生态环境保护督查反馈意见，认真完成整改任务。截至2018年11月30日，中央第五生态环境保护督察组向四川省移交的群众信访举报件涉及的9070个各类生态环境问题，已整改完成8611个，整改完成率为94.9%。2020年4月，四川省成立生态环境保护委员会，加强对生态保护的组织领导，推进美丽四川建设。①

三、服务大局　完善依法行政制度体系

（一）改进政府立法工作

四川省构建党委领导、人大主导、政府依托、各方参与的科学立法格局，转变立法观念，推动地方立法从侧重经济立法转向经济和社会立法并重，从管理型立法转向服务型立法，从侧重实体立法转向实体、程序立法并重。一是完善立法机制。按照《中华人民共和国立法法》要求，四川省继续优化政府立法工作机制和创新工作方式，由省司法厅牵头主导，各部门负责具体事项，同时积极引导社会公众参与立法，切实依法立法，真正实现科学民主立法，为治蜀兴川提供有力的法治保障。四川省人民政府指导21个市（州）开展地方立法工作，立法的规范化正逐步加强。在省委统一领导下，全面推动设区的市和自治州行使地方立法权，依托于各市州的实际与现实条件科学制定并实施推进市州地方立法工作方案。按照"成熟一个、批准一个"的原则，确定所有市州开始行使地方立法权。二是突出立法重点，加快推动转变经济发展方式、生态环境保护、社会服务等领域的立法，具体体现在创新创业、科技金融、人才培养，大气污染物防治、固体污染物防治、

---

① 殷鹏.中央生态环境保护督查回头看　9070个生态环境问题整改完成94.9%[N].四川日报，2018-12-21（1）.

自然保护区管理，老年人保护、教育、脱贫攻坚等方面，促进示范区先行先试。三是增强立法服务意识。四川省各相关政府规章从立法计划到草案全部公开，向群众征求意见，始终围绕人民群众，坚持人民的主体地位，在联系代表服务群众上倾心用情。四是重视民意、汇聚民智。立法前，倾听民众意愿，公开征集立法建议，与省人大、省政协等沟通协调，组织召开立法论证会，制订立法计划。五是着力维护法制统一。地方立法和规范性文件的立、改、废立足于社会发展的实践需求，遵循上位法的立法精神与变动情况。2018年开展的专项清理，对涉及著（知）名商标、产权保护、生态文明建设和环境保护、民营经济发展4个方面的规章和规范性文件，共清理1658件。[①]2020年四川省人民政府工作报告显示，2019年，四川省人民政府制定、废止省政府规章6件，办理省人大代表建议974件、省政协委员提案1083件，不断深化落实行政规范性文件合法性审核。

（二）依法接受监督

除内部监督外，各级行政机关还主动接受人大监督、司法监督、社会监督。2018年全年全省政府系统共办理人大代表建议、政协提案1833件，按时办结率为100%。健全行政机关负责人依法出庭应诉、支持法院受理行政诉讼案件、尊重并执行法院生效裁判制度，全省行政机关负责人出庭应诉率上升至68.6%。[②]四川省政府始终重视并强化对行政行为的监督，努力建设清正廉洁、依法行政、办实事高效率的法治政府。具体体现为，第一，健全行政决策机制。制定了《四川省重大行政决策责任追究暂行办法》和《四川

---

① 徐毓蔚.全年办理行政复议案件9735件　纠正1914件[N].四川法治报，2017-03-28（05）.
② 徐毓蔚.全年办理行政复议案件9735件　纠正1914件[N].四川法治报，2017-03-28（05）.

省社会稳定风险评估办法》，从源头上保证行政行为的准确与科学。第二，严把行政执法监督关。建立了行政执法全过程记录、重大行政执法决定法制审核、行政执法公示"三项制度"，修订了《四川省行政处罚听证程序暂行规定》。全面推广"双随机一公开"监管制度①，公布《省级有关部门（单位）随机抽查事项清单》，在24个县（市、区）开展"双随机"改革试点。第三，加强规范性文件备案监督，成都、攀枝花、眉山、宜宾、泸州、乐山、阿坝等地组织开展了本地规范性文件清理，规范抽象行政行为。

着力加强和改进行政应诉工作制度，制定《四川省加强和改进行政应诉工作实施办法》，积极推动行政机关负责人出庭应诉。《法治蓝皮书：四川依法治省年度报告（2018）》的数据显示，2017年，四川全省行政机关负责人出庭应诉率从5年前不到5%上升到65.80%；积极推动县级政府普遍建立行政复议委员会，至2017年10月，全省177个县级人民政府建立了行政复议委员会。至2019年，省政府、全省21个市（州）和183个县（市、区）均设立了行政复议委员会。

强化审计监督和政府层级监督。2019年四川省政府工作报告表明，2018年大力推进审计全覆盖，加强对资金和权力的监督，全年审计6965个单位。注重政府层级监督，加大对行政执法案卷的评查力度，2018年共评查110.35万卷，较2017年增长23.78%。

（三）规范权力运行

进一步发挥制度约束的作用，全面推进政务公开，建设政务公开标准化、规范化制度，规范主动公开与依申请公开方式、公开内容、公开时间、公开渠道、公开程序等事项，保障公众获取政务信息的权利。清单化管理信息公开的

---

① "双随机一公开"是一种在全国全面推行的监管模式，即在监管过程中随机抽取检查对象，随机选派执法检查人员，抽查情况及查处结果及时向社会公开。

内容，2018年全国基层政务公开标准化规范化试点任务圆满完成。改革和健全纪律检查体制，以制度管人管权，惩治和预防权力滥用现象，实现干部清正廉洁。对于工程建设招投标、政府采购、土地矿权、国有产权等重点领域，严格从制度层面进行规范。不断推动公共资源交易制度机制建立健全，构建以全国公共资源交易平台（四川省）为枢纽的公共资源交易平台体系。政府网站建设管理进一步加强，通过网站及时全面地发布政务信息，对重大活动、重要文件开展政策解读，还通过网站建立监察平台反馈和整改问题。①

四、公正文明执法　着力提升行政执法水平

（一）深化行政执法体制改革

按照中央部署，成都等8个试点地区分类推进综合执法，共减少执法队伍85支，在整合执法职能与机构建设、处理综合执法机构与行业主管部门职责关系、创新执法方式、加强执法队伍建设等方面积累了一定的经验，基本理顺了权责统一、运转高效的行政执法机制。

完善行政执法程序。推进行政执法"三项制度"改革②，泸州市和成都市金牛区基本完成国家级试点任务，成都市、德阳市、财政厅等21个地方和部门基本完成省级试点任务。探索和创新执法方式，行政执法和刑事司法相

---

① 刘化雨，苏江川. 四川电信运维四川省人民政府网站成效显著[J]. 通信与信息技术，2019（2）：23.
② "三项制度"改革是指行政执法公示制度、执法全过程记录制度、重大执法决定法制审核制度（统称三项制度）改革，是党的十八届四中全会部署的重要改革任务。

衔接，推动行政机关严格公正执法，提高了执法效率。如知识产权领域行政执法与刑事司法相衔接，二者合作相互配合，极大地震慑了侵犯知识产权的违法犯罪活动。2020年5月，川渝知识产权局在重庆共同签署《川渝知识产权合作协议》，将共同建立两地知识产权执法协作机制，开展跨区域知识产权联合执法、应急联动和协同处置，加强证据移送、信息共享、委托调查、配合执行等方面的合作；推进非诉知识产权纠纷解决机构、知识产权纠纷多元化解决机制一体化建设，开展知识产权全链条保护，共同争取支持创建国家级知识产权保护示范区。

加强重点领域执法。加大食药品安全、环境保护、安全生产、人力资源、社会保障等重点领域行政执法，依法查处各类违法行为。以实际问题和现实困难为导向，严抓执法环节，突出执法重点，在严格的执法过程中提高执法能力，完善执法规范，健全执法机制，优化执法方式。2018年四川省人民政府工作报告的资料显示，2017年全省行政执法机关行政处罚3385万余件，同比增长29.24%。其中，查处食品药品领域违法案件25069件，涉案金额5617.58万元；查处安全生产领域违法案件7537件。2018年行政执法机关实施行政处罚3624.63万件。其中，生态环境部门实施行政处罚7895件，实现省级环保督察全覆盖。2019年开展"清四乱"行动，与青海、甘肃、云南等省建立跨界河湖联防联控机制，严厉打击涉水违法犯罪行为。

（二）"三项制度"试点

成都市金牛区作为全国32家"三项制度试点单位"中唯一一家在中心城区进行试点的单位，自试点工作开展以来，从行政执法整体行为入手进行全面设计，在行政执法信息公开、过程记录、控权约束、组织保障等方面探索形成了行政执法行为"金牛标准"，具有显著的工作特色。

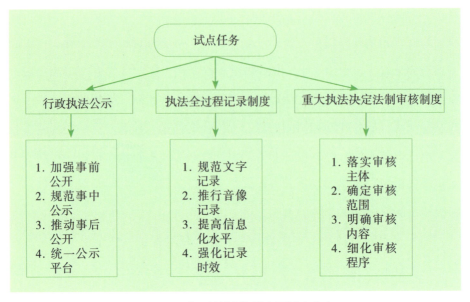

图6-2 "三项制度"的主要试点内容

1.准确界定执法行为

首先，加强各事项的公开，实行"双随机一公开"的监管方式，将抽查情况及查处结果及时向社会公布，接受群众监督。各部门须将执法情况自执法信息形成之日起20个工作日内分别在行权平台、成都市政府信息公开目录平台等网站对外公示。司法局还创新公开方式，设立了金牛律师学院，创建《金牛律师》刊物，通过《金牛律师》的刊发促进律师行业交流、对外宣传律师行业工作情况。

其次，为完善有权必有责、用权受监督，各部门建立健全错案登记及责任追究制度。各部门均建立起权责清单制度，确立权责清单长效管理机制，做到每年定期进行权力与责任的清理完善。具体对执法人员、执法程序、执法证件及文书管理等进行严格规范，如交通局严格规范行政执法流程，要求行政执法人员执法过程中主动出示执法证和执法文书。人力资源与社会保障局要求从事行政执法的19名工作人员持有省政府制发的行政执法证或人力资源与社会保障部制发的劳动保障监察证，在执法过程中持证上岗、亮证执法。

2.统一部署试点任务

行政执法的"三项制度"，具有内在的关联性。行政执法公示中要求建立统一公示平台，统一公示平台的建设主要就是将各部门的零碎信息进行整合，进行统一公示，减少行政执法人员的负担。金牛区政府在推进"三项制度"过程中，由原金牛区政府法制办负责统一公示平台的建设。根据国务院法制办的要求出台相应的工作实施方案。如《金牛区行政执法公示办法》《金牛区行政执法全过程记录实施办法》等关于推进"三项制度"的规范性文件。各试点部门按照金牛区政府出台的文件结合自己部门的特点，制定自己部门的工作方案，构建从区政府到区部门的自上而下的制度体系，实现立体化的制度构建。如金牛区财政局制定了《金牛区财政局关于行政执法公示制度、执法全过程记录制度、重大执法决定法制审核制度试点工作方案》。

统一规范文本。金牛区政府出台《执法记录仪基本技术参数》《同步录音录像设备最低技术参数标准》，规定行政执法办案室建设使用标准等。各

图6-3　成都市金牛区"三项制度"试点工作评审会（图片提供：黄泽勇）

试点单位结合实际情况进行逐步的落实与改进，如金牛区卫生计生监督执法大队出台了《金牛区卫生计生监督执法现场音像资料保管制度》《金牛区卫生计生监督执法大队执法全过程记录目录表》等。

3.全程规范约束权力

首先，落实审核主体。各部门均挂牌设立政策法规科，配备具有法律专业背景且有相关工作经验的法制审核人员负责执法案件的审核工作，并建立定期培训制度。确定法制审核员负责行政执法案法制审查，不再参与案件的调查与处理，实现案件调查权、案件处理权与法制监督权的"三权"分离。其次，确定审核范围。根据行政执法所属的领域、执法层级以及案件具体情况等因素确定重大执法决定的范围，同时制作重大执法决定目录清单。落实重大行政执法案件集体讨论制度，并制定《重大行政执法决定法制审核办法》《重大行政执法案件审查委员会工作制度》和《行政复议工作规则》《行政应诉工作规则》等一系列配套制度，形成了对重大行政执法案件的"四步审查决策"机制（案件承办机构合议、专家论证、法制机构审核、案审会决定）。最后，细化审核程序，层层把关，将依法行政作为执法的立足点。为保证审核取得实效，提高审核效率，根据实际情形确定相应的编制法制审核流程，对送审材料、工作方式、审核期限等作出明确规定。

（三）权力清单制度严格落实

政府权力清单制度是推进政府行政审批制度的关键举措，是打造阳光政府、法治政府的利器。2015年3月，中共中央办公厅、国务院办公厅印发了《关于推行地方各级政府工作部门权力清单制度的指导意见》，要求各省（区、市）政府参照行政许可、行政处罚、行政强制、行政征收、行政给付、行政检查、行政确认、行政奖励、行政裁决和其他类别的分类方式，结合本地实际，制定统一规范的分类标准，明确梳理行政权力事项的政策要求。四川省全面梳理省、市、县三级行政权力，将各级行政权力按照中央建议的分类方式进行划分归类。早在2015年，四川省已公布省、市、县三级行政权力清单和省级部门责任清单。制定年度《四川省行政权力指导清单》，各市（州）、县（市、区）人民政府对照清单对本地区行政权力事项进行梳理并向社会公开，接受社会监督。各地各部门（单位）不得行使未列入清单的行政权力事项，并按照权责一致原则对应调整责任清单，按程序向社会公布。除法律法规另有规定外，各地各部门（单位）需将行政权力事项纳入省一体化政务服务平台统一管理并进行动态调整，确保线上线下运行一致。

（四）风险评估提升决策水平

1.完善行政决策制度机制

严格落实重大行政决策"五大法定程序"，组建由专家组成的行政决策咨询专家库，为依法科学决策提供智力支持。四川省人民政府办公厅制定了"三重一大"事项、政府采购等制度规定，推动重要项目安排，大额资金使用更加规范。为有效落实《四川省重大行政决策程序规定》（以下简称《程序规定》），各地都根据《程序规定》制定了相应的实施细则，主要制度有《行政决策程序制度》《合法性审查制度》等。个别市州如德阳、绵阳虽然没有再行专门制定行政决策方面的制度，但制定了相关决策程序规范，如德阳在2015年1月出台了重大行政决策程序规定，在省上的规章出台后，依据省上规定执行。各地制定的制度内容都有公众参与、听证论证、评测评估、合法性审查、决策后的信息追踪与反馈等相关程序规定。各地制定的决策制度内容具体，具有较强的操作性。

2.开展行政决策第三方评估

引进高校和科研院所，开展重大行政决策后评估工作。委托四川省社科院对市（州）政府开展行政决策第三方评估，编制了《行政决策第三方评估报告》。健全法律顾问制度，省委办公厅、省人民政府办公厅制定了《关于推行法律顾问制度和公职律师公司律师制度的实施意见》和《四川省法律顾问团管理办法（试行）》，组建四川省法律顾问团，为省委省政府依法决策提供法治保障。广安市、广元市的做法较为突出，其在《社会稳定风险评估实施细则》方面具有特色，根据"谁主管谁负责、谁决策谁负责"的原则，规定了评估的内容、范围、主体、方式、程序以及责任追究等内容。此外，《广元市社会稳定风险评估实施细则》还完善和补充了重大行政决策评估范围，对于评估的方式也予以丰富和完善，具体有合法性评估、合理性评估、可行性评估、安全性评估四种评估方式。相比其他市州，广元市在合法性评估方面经验比较丰富，程序较为合理和规范。攀枝花市对风险评估进行积极探索，从丰富评估形式、扩展评估人员、调动评估积极性等方面着手，力求评估结果全面客观。如攀枝花市教育局在开展调整市公办幼儿园标准的社会风险评估工作中，让决策的相关主体通过召开座谈会、实地调研等形式被纳入评估主体的行列中来，使得行政决策的公正性增强，能够被民众接受与支持。在决策后评估方面，甘孜州有较为成熟的经验，其一般是一年1~2次决策后评估。2015年决策后评估达93件，主要以座谈会、问卷、走访群众等方式开展，对后评估制度工作的情况以报告的形式形成文本，法制办对报告进行审查，审查完毕报给州政府。这种形式的决策后评估，使得行政决策的监督工作开展得更加全面。凉山州部分立法和决策事项通过实施"第三方后评估"来检验地方性立法和行政决策的实效性，及时查漏补缺，在很大程度上优化了行政决策。

在公众参与方面，四川省也颇具特色。如巴中市的群众库，其运作模式为在召开政府常务会议时从群众库中随机抽取多名来自不同岗位的群众，被抽取的群众被邀请出席参加政府常务会议，并可对会议议题发表意见和看法。对提出的意见，政府相关部门要及时反馈。群众库是公众参与政府行政决策的途径之一，为政府决策的有效实施奠定了基础。达州市和泸州市通过及时将决策过程及结果网上公示来提高群众的参与度，公开的对象不仅有部门政策文件，还有比选公告、征集意见等。公众能够较为容易地获取决策信息，进而积极参与政府的行政决策工作。攀枝花市通过网络、报纸、听证会"三位一体"来向社会公众征求意见，将决策相关信息尽可能地向社会发布，包括政府的决策范围、决策事项、决策机制，有利于公众及时了解并反馈相关建议和意见，力保决策的民主性。眉山市公众参与度较高，公开方式多样，公众知晓渠道广，参与积极性高，通过报纸（如《眉山日报》）、政府网站、广告、微信公众号等方式广泛征集意见建议，对公众提出的意见政府或相关部门都会给予积极反馈。广安市人民政府在公开征求意见方面切实按照制度规定实施，且效果显著。在行政决策前期，积极开展调研工作，通过政务平台、民意直通车、网上调查等方式广泛征求民众意见，并对民众意见进行反馈。在决策后通过报社、电台报道或者组织专家进行深度解读，使民众充分了解决策事项。

五、维护合法利益　依法有效化解矛盾纠纷

依法治省是一项长期且艰巨的工程，四川省委把夯实基层作为首要任务，注重依法解决矛盾纠纷，维护人民合法权益，并以此来引导全民学法守法，探索基层治理体系和治理能力现代化建设方法和路径。行政机关的管理

与服务全面且深入地影响人民群众的生产生活，因而行政机关对于化解群众的矛盾纠纷具有天然的优势。四川省不断探索和健全矛盾纠纷多元化解机制，坚持发展新时代"枫桥经验"，加强人民调解、行政调解、司法调解的有效衔接，全面推广"公调对接"。不断对化解纠纷的方式进行探索与创新，制定了《四川省多元化解纠纷促进条例》，省政府成立矛盾纠纷多元化解工作领导小组办公室，基层建有街道矛盾纠纷多元化解协调中心、司法所人民调解室和小区矛盾纠纷调解室，以及"连心"法治广场、法治超市、法律援助室等。坚持抓早抓小，注重源头治理。2018年四川省政府工作报告的数据显示，全省人民调解组织调解各类矛盾纠纷42.58万件，较2017年增长0.66%；调解成功41.90万件，成功率达98.4%。依法办理行政复议和应诉案件。全省2018年收到行政复议案件8292件，受理7354件，审结6771件；办理行政应诉案件10384件。最大限度保证行政责任人出庭应诉，公平公正地解决行政纠纷。

加快推进公共法律服务体系建设。四川省于2014年提出"法律七进"（进机关、进学校、进社区、进乡村、进寺庙、进企业、进单位）活动，并逐年进行深化落实。2018年全省公共法律服务实体平台累计办理法律援助案件4.5万余件；解答各类法律咨询案件65.7万余件，基本形成"全方位、立体化、均等化"覆盖城乡的公共法律服务体系。开展法治扶贫"五个一"工程，为每个贫困村聘请一位法律顾问，法律顾问不仅承担化解邻里之间矛盾纠纷的工作，同时还帮助村民制定和完善村规民约，向群众宣传普及法律知识。这既是有效的矛盾化解方法，亦是重要的扶贫举措。

《第七章》
司法改革的四川成效

改革开放40多年来，随着中国社会的进步发展，司法改革渐次展开，从程序改革起步，逐步开展制度与工作机制改革，而后向体制改革推进，依次经历了法制建设、依法治国、法治中国多个阶段，取得了积极进展，带来了深远影响。党的十八大以后，我国司法改革步入司法体制性改革关键时期。①

2013年，党的十八届三中全会通过《中共中央关于全面深化改革若干重大问题的决定》，明确提出，建设法治中国，必须深化司法体制改革，构建公正高效权威的社会主义司法制度，提升司法公信力，建设高素质法治队伍，保障社会主义法治理念的实现。这是我国新一轮司法改革的开端。2014年，十八届四中全会通过《中共中央关于全面推进依法治国若干重大问题的决定》，明确当前司法体制改革的工作重点，要求确保依法独立公正行使审判权、检察权，健全司法权力运行机制，完善人权司法保障制度。党的十九大报告进一步指出，"全面依法治国是中国特色社会主义的本质要求和重要保障"，司法体制改革应当向纵深推进，"深化司法体制综合配套改革，全面落实司法责任制"。

四川省全省司法机关按照党的十八大以来的重要文件精神和省委省政府的具体部署，积极稳步推进司法体制改革。法院系统全面实施立案登记制度改革，推动庭审改革，优化人民陪审员队伍结构与落实审判人员司法责任制，改革和完善执行体制机制；检察机关全面落实司法责任制改革，人员分类管理格局基本形成，省以下人财物统管稳步推进，确保诉讼制度改革的公平和效率。

---

① 李少平.全面推进依法治国背景下的司法改革[J].法律适用，2015（1）：3.

四川省司法改革取得了显著成效。全省司法机关办案质效稳步提升。①2018年，四川省全省法官人均办案172件，比2017年上升5.28%，相比2012年上升84.94%。2017年，全省生效案件服判息诉率达98.96%，审判成效保持全国法院前列，司法公信力持续提升。四川全省检察机关进一步强化犯罪惩治和法律监督等职能。2013年至2017年，四川全省检察机关共批捕各类刑事犯罪198591人，同比下降3.2%；起诉320977人，同比上升23.7%。2018年批准和决定逮捕43003人，相比同期有所回落；起诉各类犯罪71208人，比2017年有所增长。

四川省司法机关为全国贡献司法改革的四川经验。成都市中级人民法院通过深化诉源治理，完善多元化纠纷解决机制；德阳市旌阳区人民法院实施的系统化破解送达难改革，宜宾市筠连县人民法院实施的案件类型、监管程序、监管方式、监管责任一体化改革等经验，入选最高人民法院司法改革领导小组印发的《人民法院司法改革案例选编》，为全国其他地区的司法体制改革工作提供了参考范本。

党的十八届三中全会以来，四川省各项司法改革取得积极进展，不少改革成效得到社会广泛关注和全国性表彰，在案件管理、庭审模式、执行、多元纠纷解决机制以及检察职能创新方面都有突出经验。

---

① 本章提及的数据，如无特别说明，均来源于《2015年四川省高级人民法院工作报告（摘要）》《2016年四川省高级人民法院工作报告（摘要）》《2017年四川省高级人民法院工作报告（摘要）》《2018年四川省高级人民法院工作报告（摘要）》《2017年四川省人民检察院工作报告（摘要）》《2018年四川省人民检察院工作报告（摘要）》《成都市中级人民法院工作报告（2017年度）》。

一、推进法院案件管理信息化改革

（一）采用信息技术助推立案登记制改革

立案难是我国长期存在的司法问题。矛盾纠纷难以进入司法程序得到公正解决，容易激化社会矛盾。《全面推进依法治国的决定》明确要求，法院应当改革案件受理制度，将立案审查制改为立案登记制，对人民法院依法应当受理的案件，要做到有案必立，有诉必理，保障当事人的诉权。

图 7-1　四川法院网上诉讼服务中心主页

按照四川省高级人民法院部署，全省法院借助信息技术，开展立案登记制改革。法院依托信息化技术，采用现场立案、网上立案、跨域立案等立案方式，全面建设诉讼服务中心、网上诉讼服务中心、12368司法热线"三位一体"的立案服务体系，群众将获得更加方便快捷的立案诉讼服务。当事人可通过网上诉讼服务中心或咨询12368司法热线，了解立案所需材料，各级法院不得以材料不足为由，拒绝立案。[①]

从2015年5月正式实施立案登记制开始至该年年底，四川全省法院在法定期限内登记立案率达100%，当场登记立案率达94.89%；2016年全省法院立案99.60万件，2017年立案117.71万件，2018年立案123.91万件。立案登记制推行后，全省年度立案数稳步上升，拖延立案、年底不立案等问题从源头上得到解决，群众"起诉难"的困境从制度层面得到了疏解。

（二）创新防控未结案件的"静默式监管"模式

《最高人民法院关于全面深化人民法院改革的意见——人民法院第四个五年改革纲要（2014—2018）》提出，人民法院司法体制改革目标是要"让人民群众在每一个司法案件中感受到公平正义"，由于"迟到的正义非正义"，因此在本轮司法改革中，强化法院正常审限内结案、建立长期未结案通报机制具有重要意义。

据此，成都市中级人民法院创造性提出探索构建"静默式监管"机制，对未结案件进行防控，提高结案效率。具体而言，"静默式监管"机制充分运用信息技术，把审理案件的所有环节纳入静默化流程监管系统，明确每个环节对应审判人员责任，主审法官、庭长、分管院长在不同层面对案件进程

---

① 刘春华. 全省法院5月1日起正式实施立案登记制 材料没带齐 法院照样收[N]. 四川日报，2015–05–05（05）.

进行把控，建立"电脑+人脑"的审限管控机制。案件审限过半后，监管系统对主审法官发出催办提示。当事人想了解案件进程，可通过12368热线、司法公开网、成都市中级人民法院诉讼服务大厅的自助服务终端等对案件所处状态进行查询。案件进程较慢时，当事人可对法院提出异议申请，主审法官需在规定期限内做出答复，充分保障当事人对案件审理的知情权。作为审判监督管理转型工作机制的静默式监管被最高人民法院评为人民法院改革示范案例之一，并在2017年7月中央政法委召开的全国司法体制改革会上得到推介。

二、创新推进庭审制度改革

（一）以强化证据制度推进庭审实质化改革

庭审实质化是《中共中央关于全面推进依法治国若干重大问题的决定》中关于"以审判为中心的诉讼制度改革"的重要内容，其目的在于"保证庭审在查明事实、认定证据、保护诉权、公正裁判中发挥决定性作用"。2016年，四川省高级人民法院与省检察院、公安厅、司法厅共同制定《关于刑事案件非法证据排除相关工作的会议纪要》，规范非法证据排除程序。2017年，四川全省法院共有395件案件启动非法证据排除程序。

各试点法院在庭审改革工作中，大力推进重要证人、鉴定人等出庭作证，强化当庭质证，全面贯彻证据裁判原则，使刑事审判做到"有罪宣判、无罪释放"[1]。值得关注的是，成都市中级人民法院印发了《关于进一步加

---

① 聂敏宁，姜郑勇.四川力推庭审实质化改革[N].人民法院报，2017-03-12（12）.

强刑事案件证人出庭作证的意见》，规定控辩双方对证人证言有异议且对案件定罪有重大影响时，证人应当出庭接受质证。当前，关键证人出庭已是成都中级人民法院刑事案件审判常态，当庭认定证据效力的案件超过75%。成都中级人民法院刑事庭审实质化改革经验被最高人民法院推广，并入选国家"砥砺奋进的五年"大型成就展。

另外，四川省全省法院对刑事案件实行"繁简分流"，构建"简案快处、难案精审"的审判机制，在充分保障被告人权利基础上，对符合条件的轻微刑事案件，简化庭审程序，合理分配司法资源。四川省法院的刑事庭审实质化改革工作在2016年得到中央政法委、最高人民法院的充分认可。

（二）探索创新家事审判工作机制

四川省是劳动力输出大省，中青年频繁外出务工导致省内留守儿童数量居高不下，家庭聚少离多现象突出。国务院民政部和四川省统计局数据统计，四川省离婚登记数不断攀升，2014—2018年每年平均增长17.42%。

2016年5月，最高人民法院发布《关于开展家事审判工作和工作机制改革试点工作的意见》，四川省全省共有4个法院入选全国改革试点法院。2017年1月，四川省高级人民法院开始推进省内27个人民法院和人民法庭改革试点工作①，制定全省改革试点方案，以家庭关系和谐稳定与未成年人权益保护为核心，指导省内各级法院开展家事审判与工作方式的改革。

各试点法院探索实行家事审判特别程序，挽救"濒死"婚姻：安岳县人民法院在一对"85后"年轻夫妻离婚诉讼中，发出四川省首份"离婚冷静期"通知书，限定夫妻双方冷静3个月，其间不得向对方提出离婚的请

---

① 李向雨. 法亦有情，给婚姻一个修复机会——我省试点家事审判改革一年观察[N]. 四川日报，2018-02-28（12）.

求，冷静处理家庭问题①，引起社会广泛关注②；宜宾县人民法院在全国首创"婚姻家庭考试卷"制度，引导当事人理性对待婚姻；泸州市纳溪区江宁法庭发出川南首份人身安全保护令，依法及时制止家庭暴力。③

在处理婚姻纠纷时，法院同样注重保护未成年人权益。德阳市中级人民法院通过完善未成年人出庭等制度，通过听取未成年人的意见，尊重未成年人的独立人格，充分保护未成年人利益；泸州市江阳区人民法院引入心理咨询师制度，并将少年审判与家事审判结合，柔性解决未成年人人格不良问题，对家事程序发展具有探索意义。④

这些柔性与非对抗性的家事纠纷解决创新制度取得良好效果。2018年，四川省全省法院共审理家事案件10.38万件，调撤率达63.13%，整体呈现上升趋势。

三、统筹制度性破解"执行难"

"执行难"是指国家审判机关所作的生效判决文书难以得到执行。司法判决得不到执行，无异于一纸空文，司法权威和司法公信力无从谈起，法治国家建设也缺乏司法保障。"执行难"问题长期困扰着全国司法系统。按照党的十八届四中全会提出切实解决"执行难"的要求，四川省全省法院大力开展破解"执行难"改革。近年来，四川省依法治省领导小组出台解决"执

---

① 严俊溢，郭静雯. "圆桌法庭"专管家务事[N]. 四川日报，2017-03-28（07）.
② 王俏. 探索与创新 家事审判未来之路[N]. 人民法院报，2017-05-13（05）.
③ 王俏. 探索与创新 家事审判未来之路[N]. 人民法院报，2017-05-13（05）.
④ 王俏. 探索与创新 家事审判未来之路[N]. 人民法院报，2017-05-13（05）.

行难"指导意见，各级党政机关层层召开执行工作联席会议并出台支持措施，四川省法院系统部署开展各类执行专项行动，迅速构建解决"执行难"工作大格局。四川省法院执行工作的开展也受到时任中央政法委书记孟建柱与最高人民法院院长周强的充分肯定。

（一）强化特定案件专项执行力度

四川省全省法院持续开展攻克"执行难"集中行动，组织开展"失信大曝光""执行大会战""司法大拜年"等专项行动，强化法院执行案件的力度与社会效果。在"执行大会战"中，1400多万名网友观看一场近两小时的房屋强制腾退执行活动直播，该活动由最高人民法院新闻局、最高人民法院执行局、四川省高级人民法院共同举办的全国法院第十八期全媒体进行直播。四川省法院解决"执行难"的决心和力量在全国直播中得到直观的体现。

图7-2　新津法院在夜间组织开展"司法大拜年"专项执行行动（图片来源：成都市新津区人民法院）

　　同时，四川省全省各级法院加大涉民生案件执行力度，为解决农民工等弱势群体案件执行不到位问题，连续五年集中开展"司法大拜年"活动，保障弱势群体利益，提升四川省司法的公信力。截至2017年初，全省通过"司法大拜年"专项行动为农民工等追回"血汗钱"16.53亿元，效果显著，切实有效地保护了弱势群体的合法权益。

　　四川省全省各级法院在"司法大拜年"专项行动中，利用失信被执行人名单，限制出境、限制高消费、纳入征信黑名单等方式，大力惩戒民生案件的"老赖"。对于构成拒不执行判决、裁定罪的人员，法院将相关信息移交公安机关或引导当事人提起自诉，追究被执行人的刑事责任，在保障当事人权益的同时促进社会信用体系的建设。①

（二）实施"申请执行人权利清单"保障制度

　　为优化具体执行制度，2015年，四川省高级人民法院在全国率先推行"申请执行人权利清单"，明确告知申请执行人依法享有包括申请执行人员回避权、执行进展知情权等15项权利，引导申请执行人主动行使权利，消除法院执行不力的弊端。"申请执行人权利清单"制度通过明确申请执行人享有的权利，强化执行人推进执行程序的动力，既保障了当事人的权利，也实现了对法院执行工作的监督，是四川省各级法院主导下解决"执行难"工作的又一亮点。

---

① 蒋京洲.全省法院第六次"司法大拜年"活动结束[N].四川法制报，2017-03-22（A02）.

四、探索创新"四川特色"多元化纠纷解决机制

四川省司法机关在多元化纠纷解决机制改革创新方面走在全国前列，2009年在全国率先推进省级层面的"大调解"体系建设。[①]2012年，眉山市中级人民法院被确定为全国"诉非衔接"试点法院，将"诉非衔接"机制逐步深化为以党政主导为核心，调解、仲裁、行政裁决、行政复议、公证、诉讼等程序相衔接的"一核多元"矛盾纠纷治理体系，为构建具有中国特色的多元化纠纷解决体系提供了富有特色的"眉山经验"。[②]近年来，四川省司法机关按照最高人民法院的部署要求，进一步探索创新多元化纠纷解决机制改革。

（一）建立完善调解组织

2017年7月，四川省高级人民法院印发《关于推进多元化纠纷解决机制

① "大调解"体系是指"并用和联动"人民调解、行政调解与司法调解，实现"三位一体"的大调解工作机制[参见龙宗智. 关于"大调解"和"能动司法"的思考[J]. 政法论坛，2010（4）]。四川"大调解"工作机制的探索最初于2008年"5·12"汶川特大地震后，为解决灾后重建中多方面社会问题，四川省借鉴其他地区的先进经验，确定眉山市为先行试点，在试点工作成功后，以眉山模式为样本，在全省推广并全面构建"大调解"工作体系。2010年6月，全国社会治安综合治理工作会议在四川省召开，四川省眉山市"大调解"工作模式在会上得以推广，正式走向全国［参见蓝冰，刘正і. 新形势下"大调解"工作体系发展方略——眉山市"大调解"探索实践[M]//郑泰安. 四川法治发展报告（2015）：迈进制度红利的新时代. 北京：社会科学文献出版社，2015：190-191］。
② 王海萍. 多元化纠纷解决机制的实践与展望[N]. 人民法院报，2016-09-21（05）.

创新发展的实施办法》，继续推动多元化纠纷解决机制创新，提出在诉讼服务中心设置诉讼辅导室和人民调解、行政调解、行业调解各类非诉调解室，全面推动律师入驻诉讼服务中心为涉诉群众提供法律咨询与法律服务，充分发挥公证机构职能作用，结合家事审判制度改革要求与本地实际来积极探索建立家事调解室等举措。截至2018年8月，全省共有32.3万名人民调解员，数量居全国第一位；共建立人民调解委员会6.23万个，数量居全国第二位。全省设立各类专业性、行业性、区域性调委会2610个，居全国第四位，实现市、县两级信访事项人民调解组织全覆盖。年均调解矛盾纠纷40余万件，调解成功率达98%以上。①

（二）探索律师与公证机构参与调解的调解主体多元模式

四川省委政法委根据中央政法委印发《关于建立律师参与化解和代理涉法涉诉信访案件制度的意见（试行）》，出台《四川省律师参与化解和代理涉法涉诉信访案件实施办法（试行）》。其中的实施办法规定，对不服政法机关生效法律裁判、决定，以信访形式表达诉求的，律师协会可委派律师，听取信访群众诉求，提出处理建议、引导申诉等工作。2017年2月，四川省律政公证处与成都市武侯区人民法院签订《诉讼与公证协同服务合作协议》，成立了四川省首家诉讼与公证协同服务中心，在四川省率先建立诉讼与公证协同服务机制，由律政公证处指派具有丰富经验的公证员在值岗现场提供与公证相关的咨询服务，向当事人提供调解服务。②

截至2019年1月，全省法院内共设立103个律师调解室并引入37个公证机构。多元调解主体的落实与推行，能够充分发挥律师队伍与公证机构解决一

---

① 兰楠.刘志诚：开创人民调解工作新局面[N].四川法制报，2018-08-31（01）.

② 兰楠，蒋京洲.我省成立首家诉讼与公证协同服务中心[N].四川法制报，2017-02-21（02）.

般法律纠纷的专业能力，有效维护群众合法权益，化解矛盾纠纷，促进社会和谐稳定，同时可以减轻法院的案件审理负担，一举多得。

（三）创新家事纠纷专业调解协同机制

家事纠纷是具有婚姻和血缘关系的家庭成员之间的矛盾冲突，双方当事人感性与理性交织难分。与其他民事纠纷不同，对抗并非家事纠纷的核心特征。因此，相对于采用当事人对抗性强烈的刚性的诉讼方式而言，柔性调解方式更适合处理家事纠纷。调解不仅能有效地缓和家庭矛盾、化解家事纠纷，同时也有利于减轻法院积案压力与当事人讼累。四川省司法机关注重开展家事纠纷调解工作，进行专业化协同机制创新改革。

四川省司法厅与四川省妇女联合会共同印发《关于加强婚姻家庭纠纷人民调解工作意见》，加强司法行政机关与妇联组织之间的协调合作，构建四川省家事纠纷调解体系。[①]2016年11月，省、市、县三级妇联协同同级法院、司法局等相关部门，在全省各市（州）、县（市、区）、镇（乡、街道）、村（社区）的妇女维权站、妇女之家或乡镇（街道）司法所等场所建立各类调解工作领导小组和调解委员会（室），配备专职和兼职调解员，形成了市、县、镇、村四级调解组织网络。[②]同时，各个法院积极开展家事调解专业队伍建设。眉山市中级人民法院探索建立家事特邀调解员制度，在该市两级法院的诉讼服务中心与诉调对接中心引入法学、心理学、社会学等专业人才；广安市广安区人民法院优先选任具有教育学、心理学背景并具备调解技能的家事调解员，增强家事调解队伍的专业性。[③]家事纠纷的专业化调

① 宋锫培，徐毓蔚.今年已调解家庭纠纷14874件[N].四川法制报，2016-12-7（A02）.

② 李丹.明年妇女儿童维权重点推进婚姻家庭纠纷调解[N].四川日报，2016-12-7（12）.

③ 涂继铭.家事调解员的选任与工作方法之改革探索[N].人民法院报，2018-08-29（08）.

解可以充分利用各类人才资源优势，对家庭矛盾对症下药，促进当事人在柔性程序中真正接受调解结果，发挥调解的最大功效。

（四）构建医疗纠纷调解新模式

四川省拥有医疗水平位于全国前列的四川大学华西医院与其他先进的医疗机构，病患量基数大，医患纠纷难以避免。对此，四川省注重运用人民调解的方式，促进双方形成共识与谅解，进而化解纠纷。早在2007年，四川省已经开始探索设置医疗纠纷人民调解委员会。截至2016年1月，四川省共建立473个"医调委"，基本实现市、县两级行政区域全覆盖。[1]2018年，四川省人民政府制定《四川省医疗纠纷预防与处置办法》，指导医疗机构、患者与第三方人民调解组织共同解决医疗纠纷。

四川省各地积极探索创新医疗纠纷调解机制。成都市武侯区华西坝派出所联合辖区内的四川大学华西医院，成立全国首个由人民调解员与医生组成的"调解团队"。医患纠纷发生时，华西坝派出所统一调配调解员，将公安机关公信力与专业医护知识相结合，为患者提供更优、更能接受的调解方案。[2]2010年1月，金牛区医患纠纷人民调解委员会（以下简称金牛区医调委）召开成立大会[3]，此后逐步建立成一支分工明确的调解队伍。日常调解中，由具备医学与法律知识的专职调解员坐班提供调解服务，公安民警维持现场秩序。同时，金牛区医调委组建由多名执业律师构成的调解专家库，遇到复杂法律问题时，执业律师现场提供法律咨询。2018年，金牛区医调委共调解纠纷87件，纠纷涉及金额达百万元以上，成功调解78件，调解成功率达

① 兰楠.77人被命名"首席人民调解员"[N].四川法制报，2016-06-3（A02）.

② 赵诗柯.成都首创医矛调解团队[N].四川法治报，2019-07-04（05）.

③ 刘军.成都卫生年鉴（2011）[M].北京：中国铁道出版社，2012：10.

90%。^①

此外，在省内医疗纠纷调解探索工作中，自贡市创新构建的医疗纠纷"调赔结合"模式、遂宁市新探索的"六位一体"医患纠纷调解模式^②，取得显著成效，两地医调委在2018年5月均被司法部表彰为"全国先进人民调解组织"。

（五）首创农村产权仲裁院

成都市先后于2007年与2014年成为"全国统筹城乡综合配套改革试验区"与"全国第二批农村改革试验区"。通过统筹城乡综合配套改革，实现城乡居民享受权利平等化、公共服务同质化，进而推进农村产权制度改革。在成都稳步推进农村产权制度改革中，常常出现土地承包经营权权属纠纷、农村集体用地使用权转让纠纷等各种产权纠纷。城市扩张建设过程中也会涉及征收农村用地等纠纷，但有效的纠纷处理机制缺位，改革成效尚且不足。

2011年9月，成都市仲裁委员会通过下设农村产权仲裁院，全国首创性地将仲裁引入农村产权纠纷处理机制中。农村产权仲裁院在成都市辖区内的区县一级设置专门联络点，由联络点负责受理农村居民的申请，随后将案件送至仲裁院。仲裁程序启动后，仲裁院深入农村乡镇进行调查，并将仲裁庭审理移至纠纷发生地，保障当事人参与仲裁庭审的权利。面对生活困难的当事人，提交相应证明后，仲裁院允许减免其案件仲裁费，彰显人性化的纠纷解决理念。在解决农村组织成员产权纠纷的同时，农村产权仲裁院联合律师事务所共同编写《农村产权仲裁知识读本》，强化集体组织成员产权保障意

---

① 周夕又.传承发展"枫桥经验"多元化解矛盾纠纷[N].四川法制报，2018-12-07（05）.

② 张麟书，罗孝伟.创新"六位一体"调解模式　遂宁医调委获全国先进[N].四川法制报，2018-05-31（14）.

识，使集体组织成员对仲裁结果的认可度逐渐提高。

农村产权仲裁院的设立，有效降低涉及农村产权的信访案件数量。据该院数据，仲裁院设立的第一年，成都市城乡统筹委员会受理信访案113件，第二年受理13件，下降了88.5％。成都市农村产权仲裁院先后在2014年与2016年获得第三届"中国法治政府奖"与首届"仲裁公信力"十大创新奖，得到实务界与学界的一致肯定。

五、强化"公益"检察与"智慧"检务

（一）全面开展检察公益诉讼

绿水青山就是金山银山，坚持节约资源和保护环境是我国的基本国策。近年来，四川省环境资源与食品安全等公共领域面临严峻挑战。《2017中国环境状况公报》表明，成都市空气质量处于全国主要城市中下游水平。2016年，四川全省共有545家企业被列入国家重点检测污染源企业名单，非法进口经营销售肉类、经营假冒保健食品等案件时有发生，公共利益受到极大危害，亟须强化司法保障。

2017年，四川省委省政府印发《关于深入推进公益诉讼工作的实施意见》，全面开展四川检察公益诉讼工作。[①]四川检察机关在涉及生态环境和资源保护、食品药品安全、国有财产保护、英烈保护4个公共利益领域内，实行行政检察监督与行政公益诉讼相衔接的工作机制。发现存在侵害公共利

---

① 刘德华.四川省委省政府联合出台意见支持公益诉讼工作[N].检察日报，2017-11-30（01）.

益的行为而未被依法查处时，检察机关应当向相应行政机关提出检察建议。当行政机关拒不纠正违法行为或不履行法定职责时，检察机关有权以相应行政机关为被告依法提起行政公益诉讼，督促行政机关依法履职惩治违法行为。同时，四川省人民检察院探索建立检察建议公开公告制度，让公民与其他社会主体共同参与，监督行政机关履行职责，增强行政检察效果。

自2017年7月《中华人民共和国民事诉讼法》与《中华人民共和国行政诉讼法》明确赋予检察机关提起公益诉讼的权能后，四川省检察机关围绕公共利益保护4个领域积极开展公益诉讼工作。根据四川省人民检察院的统计数据，2018年，全省公益诉讼立案2766件，依法公告或向行政机关提出督促履行职责的诉前检察建议2278份，最终提起公益诉讼169件。摸排英烈保护案件线索30余件，立案15件，发出诉前检察建议14件；办理国有财产保护领域案件196件，返还、追缴国有财产、赔偿损失8628万元。成都市双流区人民检察院摸查非法经营的外卖餐饮商户，并向双流区市场监督局发出检察建议，最终注销了283户工商户的食品经营许可证。该案在2018年3月被最高人民检察院列入"检察公益诉讼典型案例"。

（二）创新智慧检务

四川省以信息化引领检察工作现代化，实现检务快捷、便民、高效、公正。2015年，成都市新都区人民检察院建成法院、检察院、看守所和控、辩、审、被告人的"三地四方一体"远程视频庭审系统，采用计算机网络技术和设备传输音频视频图像，对轻微刑事案件同步开展远程询问、作证、法庭审理等诉讼活动，实现庭审信息化与网络化，有效减少检察人员奔波于法院、看守所两地的办案时间。经统计，使用该系统审判的案件平均时长仅10分钟，平均办案周期由20天缩短为5到7天，大大提高了审判效率。

　　2014年，资阳市人民检察院成功研发出电子卷宗系统。该系统具备卷宗扫描上传、卷宗制作、证据管理、出庭示证、律师阅卷等功能。资阳市雁江区人民检察院在办理一起刑事案件中，面对被告人恶意当庭翻供，公诉人利用电子卷宗系统，当庭请求调取案发现场录像的原始证据并进行质证认证，最终成功证明被告的故意伤害事实，法院认定罪名成立。电子卷宗系统保障了证据庭审质证实质化目标的实现，有利于规范检察机关办案。资阳市人民检察院研发的电子卷宗系统在全国检察系统内得到推广。

　　四川省共有7个检察院被最高人民检察院确定为"全国科技强检示范院"，"智慧检务"建设成效显著。

《第八章》
金融法治的四川践行

　　四川省是我国经济大省之一，2019年全省GDP总量46615.82亿元，居西部第一，全国第六。四川省也是我国金融改革的重要发源地之一，是全国股份制试点起步较早的省份之一。在新时期，四川省深入贯彻落实习近平新时代中国特色社会主义思想，紧紧围绕建设西部金融中心、服务实体经济、做大做强金融产业的目标，着力提升西部金融中心集聚和辐射能力，深化金融改革与金融创新。

一、四川省银行业与保险业法治建设

　　根据中国人民银行成都分行和中国银行保险监督管理委员会四川监管局（简称"四川银保监局"）公布的统计数据，截至2019年12月31日，全省银行业金融机构资产总额已达10.2万亿元，银行业各项存款、贷款余额均列全国第七、西部第一；全省已开业保险公司 98家，保险业总资产达到了4118.9亿元。在中国人民银行成都分行、四川银保监局、行业协会以及相关部门的通力合作下，四川省银行业与保险业的法治建设围绕着"服务实体经济、防控金融风险、深化金融改革"三大任务，取得了显著成效。

（一）因地制宜，完善监管规则体系

　　在全面梳理现行银行业、保险业监管法律制度的基础上，相关监管机构

围绕细化中央监督管理机构所制定的"上位法"和固化辖区内成熟监管实践这两个工作重点，全力构建"原则性与操作性相结合，普适性与区域性相兼容"的监管规则体系。

一是积极探索从业人员的"黑名单、灰名单"管理规则。以银行业和保险业从业人员的处罚信息查询系统为基础，建立和完善"黑名单、灰名单"信息档案及其跨区域信息共享机制，将因严重违规而被金融机构开除或取消从业资格的人员纳入"黑名单"，严格禁止其进入银行业或保险业机构工作；将有其他违规记录的从业人员纳入"灰名单"，提示相关金融机构谨慎录用，后果自负。"黑名单、灰名单"制度从源头上有效扼制了违法违规从业人员的"带病流动"，甚至"带病提拔"，对促进四川省银行业和保险业从业人员诚实守信勤勉履职形成了正向推力。

二是建立健全对银行业和保险业金融机构违法违规问题的内部问责、监管问责和司法追责长效机制。首先，全面落实银行业、保险业金融机构风险防控工作的"一把手"责任制，厘清了案防工作牵头部门与业务发展、风险控制、内审稽核等部门的案防职责边界。其次，将各银行业、保险业机构的业务管理条线确定为风险防控的第一道防线，风险合规条线和审计监督条线分别作为第二道防线和第三道防线，从开户管理、对账管理、账户监控、印章凭证管理和代销业务管理5个关键环节入手，强化对重点业务、重点人员和重点风险的审计监督，从而为监管部门严肃整治银行业、保险业金融机构的违法违规行为提供了准确的规则依据。

（二）多措并举，推进行业改革开放

一是持续深化银行业和保险业的公司治理体系改革。监管部门通过指导银行业法人机构完善"三会一层"（股东大会、董事会、监事会和高级管理

层）的治理结构和运行机制，在巩固信贷风险管控机制的基础上，大力推进集团并表风险管理，全面清理规范银行业金融机构的股权关系，对股东的违法违规行为进行了严肃查处。

二是有序推进银行业和保险业法人机构的改革转型。四川省是全国农村信用合作机构数量最多的省份之一，自2010年启动农村信用社改制农村商业银行（以下简称农商行）的工作以来，已启动和已完成的改制比例达到了75%。截至2018年12月末，全省已开业的农商行共计68家，数量在西部地区排名第一。广元市贵商村镇银行盐亭支行作为西部首家"多县一行"制村镇银行试点已正式开业。

三是积极支持银行业和保险业进一步扩大对内对外开放。成都银行股份有限公司于2018年1月31日在上海证券交易所挂牌上市，成为四川省第一家A股上市银行。泸州市商业银行紧随其后，于2018年12月17日在香港联合交易所主板挂牌上市，成为四川省内第二家，同时也是西部地区地级市中第一家上市银行，为推动符合条件的民间资本进入法人银行业机构以及优化后者的股权结构提供了具有参考意义的操作范本。与此同时，监管机构立足辖内实际，积极支持符合条件的外资银行来川设立分支机构和拓展业务，鼓励外资银行来川进行战略投资、开展股权合作，加大中外资银行的合作深度和广度，实现"双赢"。截至2019年9月，在川外资银行数量达到了17家，其中，汇丰、渣打、华侨永亨、大华、花旗、澳新、开泰7家银行在成都设立了区域中心。在川外资银行资产总额达到了399.41亿元，机构数量和资产规模分列全国第七和第八、中西部第一。

（三）重拳出击，坚守不发生系统性区域性风险底线

一是始终保持对银行业和保险业中违法违规问题的高压态势。四川银

保监局在2018年出台了《四川银行业三年合规文化建设行动方案》，在2019年出台了四川省银行保险业风险防控十九条措施。以合规文化建设为抓手，对在银行业合规经营大排查专项行动中发现的问题，按照"合规必奖、举报必赏、违规必罚、隐瞒必惩"的原则进行教育和处罚；同时开展涉农保险保费补贴专项治理，严厉打击保险市场产品不合规、销售不规范行为，有效遏制了银行业、保险业市场的各种乱象及其反弹。与此同时，四川省各级地方政府与四川银保监局等监管机构相互配合，认真开展互联网金融风险整治、非法集资案件查处等工作，全力做到"早发现、早预防、早查处"，深入推进金融扫黑除恶专项斗争工作，强有力地维护了四川省的金融稳定与社会和谐。

二是密切关注重点领域的风险防控工作。以坚决确保在四川省不发生系统性区域性风险作为首要任务，严格落实银行业、保险业金融机构风控的主体责任，全方位摸排风险底数，"一对一"研究落实防控措施，并对融资平台贷款、房地产信贷、产能过剩行业贷款、表外关联业务、地方政府隐性债务、互联网金融、交叉金融、信息科技、金融控股集团等重点领域的风险防控工作予以特别关注，分类施策。在对高风险金融机构进行稳妥有序处置的同时，加强监管机构与地方小额贷款公司、担保公司监管部门的沟通协作，督促银行业和保险业机构稳健开展银担、银信、银保等合作类业务，督促加强案防和安全保卫工作长效机制建设。为了应对可能出现的流动性紧张局面，四川省于2016年搭建了四川省村镇银行流动性互助平台，推动12家村镇银行缴纳"流动性互助基金"共计1.96亿元，当任一成员出现流动性临时问题时，便可分享这一互助资金的权益从而保证其业务的正常运行。

三是提升监管执法水平和执法效果。为提升非现场监管的有效性，监管机构制定了差异化的流动性监测指标，积极运用非现场监管系统来发现、锁定、提示风险。以村镇银行为例，四川银保监局通过其创设的"村镇银行监

管评级自动评分系统"，对开业两年以上的村镇银行开展监管评级，积极探索分类监管制度与差异化预警指标体系。为提升现场检查的针对性，四川银保监局率先将EAST系统应用于对村镇银行的现场检查，以精确定位重大问题和风险隐患，切实提高了现场检查的有效性。为强化监管处罚和责任追究的震慑力，按照"合规必奖、举报必赏、违规必罚、隐瞒必惩"的原则，相关部门积极为银行业和保险业的从业人员举报违法违规问题提供条件、开辟路径；对参与违规但主动举报的相关人员实施区别对待；视违规情节轻重，采取与机构准入、高管准入、业务准入挂钩，与监管评级挂钩的监管政策；对严重违规问题及时启动行政处罚问责程序。

（四）创新机制，支持西部金融中心建设

一是创新组织架构，支持和引导辖内银行业、保险业机构探索新的产品和服务模式。经四川银保监局批准，绵阳市商业银行设立了全国首家军民融合科技支行（现更名为绵阳市商业银行高新科技支行）。截至2018年9月末，四川省已设立了科技支行10家、军民融合服务中心5家以及3家小微企业专营机构，共向军民融合企业发放贷款139户，累计金额83.71亿元；向科技型企业发放贷款4399户，累计金额1345.8亿元。此外，四川银保监局还与绵阳市科技局合作推出了六项"军融宝"保险保障项目，以绵阳市设立军民融合银行为契机，建立"企业+银行+保险"的合作机制，并向绵阳科技城范围内所有高新技术企业和省级创新型企业参加"军融宝"项目提供40%的保费补贴，每户企业每年最高享受保费补贴可达30万元。这些措施旨在引导辖内银行业、保险业机构通过打造专业机构、专业团队、专属产品、专门机制，突出产业和区域等服务特色，建立完善有别于传统企业信贷、保险业务的组织架构、管理流程、体制机制以及保障体系，积极推动了军民融合和高新科

技产业的发展。

二是创新工作机制。以银行业机构债权人委员会（简称债委会）为例，债委会是原银行业监督管理委员会（现为银保监会）在2016年提出的一种新的工作机制，是由债权银行业机构对债务企业发起成立的协商性、自律性组织。在四川省委省政府的关心支持下，四川银保监局坚持"一体两翼"，即以债委会为体，一翼推进金融供给侧结构性改革，一翼服务企业转型升级发展，深化推进债委会机制创新。截至2019年3月末，四川省债委会组建工作基本完成，四川省银行业共组建债委会4170家，涉及用信余额2.03万亿元。其中，集团和单一法人企业比例为24∶76，国有企业和民营（含外资、合资）企业比例为32∶68，呈现出点多、线长、面广的特点。债委会机制在四川省各地的成功实践证明，银企信息交流和行动协商平台，对于前移风险管理关口、防范多头授信和过度授信风险、稳定银行信贷供给、改善银企关系、促进经济金融良性循环具有积极作用。此外，四川银保监局还与省科技厅等部门联合发文，明确试点地区，推动成都、德阳、绵阳等地区建立科技保险保费补贴机制，对推动科技企业创新发展发挥了积极作用。

三是创新矛盾纠纷化解机制，提升金融消费者权益保护工作的质效。近年来，四川高度重视保护金融消费者的合法权益，分别于2016年和2017年在成都先后成立了四川银行业纠纷调解中心和四川保险业消费者权益保护中心。四川银行业纠纷调解中心是全国第三家，同时也是中西部地区唯一一家从事银行业纠纷调解的非营利性社会服务组织。四川保险业消费者权益保护中心是在省市消费者协会、三级人民法院、司法行政部门的指导和支持下，整合消费者权益保护工作资源，维护保险公司和消费者合法权益的矛盾纠纷化解的专业机构。四川银行业纠纷调解中心和四川保险业消费者权益保护中心坚持用法治思维和法治方式化解矛盾，充分发挥第三方调解组织职能作用，通过"投诉+调解"一站式服务，探索建立健全专业高效、有机衔接、

便捷利民的金融纠纷多元化解机制，加大对重大、复杂纠纷和积案的研判化解处理力度，提高金融机构和金融消费者"能调尽调"的意愿和信任度，并取得了良好的效果。2019年，四川银行业纠纷调解中心调解成功纠纷358件，调解成功率达到了91.09%；四川保险业消费者权益保护中心调解成功纠纷5161件，调解成功率达到了87.92%。与此同时，四川银保监局还通过资源整合、增加人员、扩充线路等手段积极完善12378热线投诉处理机制，切实提高了辖内银行业和保险业投诉热线的工作质效。

（五）精准施策，助力深度贫困地区脱贫攻坚

四川银保监局在全国率先出台了银行业《金融扶贫6年行动计划》及配套实施方案，从统计制度、考核办法、组织领导、市场准入、金融创新等多个维度，引导全省银行业将金融资源更加聚焦贫困地区，特别是新增金融资源优先满足深度贫困地区。对全省银行业机构金融扶贫工作实行"网格化"管理，与秦巴山区、乌蒙山区、大小凉山彝区和高原涉藏地区四大片区以及片区外共计11501个贫困村逐一签订了银行服务"分片包干、整村推进"的责任书。协调推动全省160个有扶贫任务的县全部设立扶贫小额信贷分险基金，统一落实3∶7风险分担比例，分险基金规模超过35亿元。

与此同时，四川还通过制度建设探索完善保险精准扶贫的有效机制。第一，加大特色农业保险保费的奖补力度。对市（州）县为农户参与特色农业保险提供的保费补贴，由省财政按补贴总额的60%予以奖补。第二，健全扶贫贷款保险保障体系。大力推广扶贫小额信贷保证保险，适当降低保费标准，有效分散贫困户家庭的财务风险。第三，积极推动保险扶贫保障产品在贫困地区落地扩面增量。2017年，辖内首个服务国家级贫困县鸡蛋产业的"期货+保险"项目在四川省南充市的仪陇县落地。针对贫困地区和贫困人

口的特点，监管部门指导川内保险企业打破传统保险承保模式，按照未贫先防、扶防结合的原则，创新推出"扶贫保""惠农保"等产品，开展农村小额扶贫保险试点，探索险资直投支农惠农，切实增强贫困人口抵御风险的能力。第四，引导保险公司继续向贫困地区下沉营业网点，引导保险资源向深度贫困县倾斜。

二、四川省多层次资本市场的发展现状

自2003年党的十六届三中全会首次提出"建立多层次资本市场体系"以来，党中央、国务院持续强调建立健全多层次资本市场体系的重要性。四川省多层次资本市场既是全国多层次资本市场体系的重要组成部分，也是四川省建设西部金融中心的重要抓手和完善四川省区域市场体系的重要内容。

总体上，我国多层次资本市场体系主要由证券交易所、全国中小企业股份转让系统以及区域性股权市场所构成，其中前两类为全国性证券市场，第三类则为区域性证券市场。四川省公司上市和挂牌的国内交易场所层次，可以分为全国性的证券交易场所以及本地的区域性股权市场。

（一）四川省公司境内外上市及在"新三板"挂牌情况

我国境内多层次资本市场体系呈现"金字塔"的结构，其中顶端为证券交易所市场，具体分为主板、中小板、创业板和科创板，分别由深圳证券交易所和上海证券交易所负责运营和实行自律管理。此外，出于不同的历史和现实原因，还有不少本土注册企业和在境外注册的中资企业（常被称为红筹

企业）在中国香港特别行政区，以及新加坡、美国和英国等境外证券交易所挂牌上市。

截至2020年10月底，在国内（A股）上市的四川省企业共有135家，其中主板67家、中小板32家、创业板32家、科创板4家；在境外市场上市的四川省企业逾30家。总体而言，四川省在境内外证券交易所上市的公司数量常年稳居中西部第一。

全国中小企业股份转让系统（简称"全国股转系统"，俗称"新三板"）也是全国性的证券发行和交易市场。根据2013年12月13日国务院《关于全国中小企业股份转让系统有关问题的决定》（国发〔2013〕49号）的规定，"新三板"是经国务院批准、依据《中华人民共和国证券法》设立的第三家全国性的证券交易场所，主要为创新型、创业型、成长型中小微企业服务，为境内符合条件的股份公司挂牌、公开转让股份、股权和债权融资等提供金融服务。从中国证券监督管理委员会（以下简称中国证监会）网站的公开信息来看，截至2020年10月底，四川省在"新三板"市场挂牌的公司达到247家。根据行政法规及部门规章的规定，在"新三板"挂牌的公司被称为"非上市公众公司"。①与证券交易所一样，"新三板"市场内部也实施分层挂牌和管理，包括精选层、创新层和基础层三个层次，其中精选层挂牌公司满足条件者可以申请转至科创板或者创业板上市。

截至2020年10月31日，四川省证券市场概况如表8-1所示：

---

① 根据中国证监会发布的《非上市公众公司监督管理办法》（2019年修订）第二条规定，非上市公众公司是指有下列情形之一且其股票未在证券交易所上市交易的股份有限公司：（一）股票向特定对象发行或者转让导致股东累计超过200人；（二）股票公开转让。

表8-1 四川省证券市场概况（截至2020年10月31日）

项 目		期末数
公司上市及挂牌情况	总市值（亿元）	26983.98
	总股本（亿股）	1421.78
	公司（家）	135
	其中：主板（家）	67
	中小板（家）	32
	创业板（家）	32
	科创板（家）	4
	"新三板"挂牌公司（家）	247
证券经营情况	证券公司（家）	4
	证券公司分公司（家）	66
	证券营业部（家）	423
	投资咨询公司（家）	3
基金经营情况	私募基金管理人（家）	434
	管理基金规模（亿元）	1992.65
	独立基金销售机构（家）	3
服务实体经济情况	本年累计金额（亿元）	3700.22

数据来源：中国证监会网站

（二）四川省区域性股权市场的发展与制度建设

1.国家关于区域性股权市场的主要政策及规范依据

国务院2014年5月9日发布的《关于进一步促进资本市场健康发展的若干意见》（俗称新国九条）提出，"在清理整顿的基础上，将区域性股权市场纳入多层次资本市场体系"，由此明确区域性股权市场属于我国多层次资

本市场体系的组成部分。普遍认为，在我国金字塔型的多层次资本市场体系中，区域性股权市场处于"塔基"的重要地位。

2019年12月修订并于2020年3月1日开始实施的《中华人民共和国证券法》（以下简称《证券法》）第九十八条规定："按照国务院规定设立的区域性股权市场为非公开发行证券的发行、转让提供场所和设施，具体管理办法由国务院规定。"《证券法》首次在法律上确立了区域性股权市场的法律地位，同时明确其管理办法由国务院规定。2017年1月26日，国务院办公厅根据原《证券法》等法律法规的规定，印发了《国务院办公厅关于规范发展区域性股权市场的通知》（国办发〔2017〕11号）。此外，中国证监会于2017年5月3日发布的《区域性股权市场监督管理试行办法》，是规范调整区域性股权市场的主要部门规章。

根据《关于规范发展区域性股权市场的通知》的规定，区域性股权市场是多层次资本市场体系的重要组成部分，是地方人民政府扶持中小微企业政策措施的综合运用平台。同时，省级人民政府要根据相关金融政策法规，在职责范围内制定区域股权市场的具体实施细则和操作办法。

区域性股权市场具有明显的地域性。《关于规范发展区域性股权市场的通知》明确规定：区域性股权市场是主要服务于所在省级行政区域内中小微企业的私募股权市场。区域性股权市场不得为所在省级行政区域外的企业私募证券或股权的融资、转让提供服务，对不符合上述规定的区域性股权市场，省级人民政府要按规定限期清理，妥善解决跨区域经营问题。区域性股权市场运营机构名单由省级人民政府实施管理并予以公告，同时向证监会备案。本通知印发前，省、自治区、直辖市、计划单列市行政区域内已设立运营机构的，不再设立；尚未设立运营机构的，可设立一家；已设立两家及以上运营机构的，省级人民政府要积极稳妥推动整合为一家，证监会要予以指导督促。

2.天府（四川）联合股权交易中心的定位与主要监管要求

四川省人民政府办公厅2017年7月28日发文明确：根据《国务院办公厅关于规范发展区域性股权市场的通知》，经省政府同意，确定天府（四川）联合股权交易中心（简称"天府股交中心"）为我省唯一合法的区域性股权市场运营机构。中国证监会分别于2018年4月27日、7月27日以及2019年7月26日，公示共34家全国区域性股权市场运营机构备案名单。其中，天府（四川）联合股权交易中心为第一批公示名单内的区域性股权市场运营机构。

天府股交中心原名成都（川藏）股权交易中心，经国务院授权，于2013年7月经四川省人民政府和西藏自治区人民政府批准成立。天府股交中心为四川省和西藏自治区两省（区）共建的区域性股权市场，俗称"川藏股权市场""川藏四板市场"或"天府新四板"。需要指出，由于天府股交中心是川藏两省（区）联合举办并服务于川藏两省（区）的市场，因此，中心为上述两省（区）内非上市公司特别是中小微企业和全国投资者提供投融资对接服务，不属于跨省（区）提供服务。

与证券交易所和"新三板"市场相比较，区域性股权市场主要为处于更为早期发展阶段的中小微企业提供相关服务。因此，企业在天府股交中心挂牌展示和进行股权转让，一般仅要求依法合规成立即可，但是在一些特别板块挂牌则需要满足更多或更加严格的要求。比如，根据《天府股交中心特色板块企业挂牌及持续管理暂行办法》规定，中心设立军民融合板、"一带一路"板、科技金融板、双创企业板四个特色板块，并分别设置不同的挂牌条件。

天府股交中心实行严格的合格投资者和适当性管理制度。中心根据法律法规、规章规则及业务规则等，颁布实施了《天府股交中心合格投资者及适当性管理实施细则》，要求参与本中心证券发行、挂牌转让等交易活动的投资者应当具备较强的风险识别和承受能力，并符合该规则规定的条件。

此外，由于区域性股权市场属于私募市场，任何人不能在该类市场组织或者进行证券的公开发行或者交易行为，其中包括不得采用广告、公开劝诱等公开或变相公开方式发行证券，不得以任何形式非法集资；不得采取集中竞价、做市商等集中交易方式进行证券转让，投资者买入后卖出或卖出后买入同一证券的时间间隔不得少于5个交易日。因此，挂牌企业和投资者在天府股交中心从事证券发行或交易及相关活动，应当了解及遵守上述基本规定，避免涉及违法违规行为被处罚或者受到损害。

三、四川省地方金融的发展与法治

我国现行法律法规并未对地方金融进行明确界定。从金融监管视角出发，可以将地方金融界定为：在国家统一监管的银行、证券、保险业持牌金融机构之外，由地方属地化监管的小额贷款公司、融资担保公司等从事金融相关业务的组织机构及其所从事的金融活动。

《中共中央关于全面深化改革若干重大问题的决定》中提出，要界定中央和地方金融监督管理职责和风险处置责任。2014年国务院印发的《关于界定中央和地方金融监督管理职责和风险处置责任的意见》（国发〔2014〕30号），对于地方省级人民政府的金融监督管理职责和风险处置责任进行了明确规定。①2017年第五次全国金融工作会议提出，"在坚持金融管理主要是

---

① 其中规定省级人民政府金融监督管理职责和风险处置责任：承担不吸收公众资金、限定业务范围、风险外溢性较小的金融活动的监督管理职责；依法对本地区小额贷款公司、融资性担保公司、区域股权市场、典当行、融资租赁公司、商业保理公司、地方资产管理公司等机构实施监督管理，承担相应的风险处置责任；加强对民间借贷、新型农村合作金融组织的引导和规范。省级人民政府监管的重点是防范和打击金融欺诈、非法集资、非法证券期货活动等各类违法违规行为。

中央事权的前提下，明确赋予地方政府相关金融监管职责"。其后，中央发文明确将7类机构和4类场所的监管事权下放至省级地方政府，中央和地方的金融监管权限分工协调更趋明晰。

（一）四川省地方金融发展概况①

1.小额贷款行业

根据中国人民银行官方网站公开的信息，截至2019年9月底，四川省共有小额贷款公司257家，占全国比重3.34%；从业人员4554人，占全国比重5.48%；实收资本441.52亿元，占全国比重5.40%，贷款余额513.43亿元，占全国比重5.52%。总体来看，四川省无论是在从业人员数量方面还是资本规模方面，均位列全国前茅。

2.地方资产管理行业

截至2019年底，四川省地方资产管理公司的数量为两家。②其中，四川发展资产管理有限公司于2015年11月获得中国银监会的备案，成为四川省首家持牌地方资产管理公司。随着2016年中国银监会下发《关于适当调整地方资产管理公司有关政策的函》，调整了地方资产管理公司的监管政策，逐步放松对地方资产管理公司的管制，明确各省可以增加设立一家资产管理公司。2018年7月26日，四川省第二家持牌地方资产管理公司——成都益航资产管理有限公司（简称"益航资产"）正式成立，其注册资本规模达100亿元，在2018年内完成备案的4家地方资产管理公司中高居榜首，并在2018年全国持牌地方资产管理公司中排名第五。2019年12月，益航资产获得中国银

---

① 其中区域性股权市场的发展参见前文"四川省多层次资本市场的发展现状"相应部分。
② 资产管理公司（AMC），通常是指专业从事不良资产经营管理的公司。

保监会备案，获准开展金融企业不良资产批量收购处置业务。

3.典当行业

四川省典当行业协会网站的公开信息显示，截至2019年末，四川省共有319家法人典当行，合计注册资本54亿元，典当余额21.5亿元，银行贷款余额0.5亿元。

4.融资租赁行业

根据《2019年中国融资租赁业发展报告》，截至2019年末，四川省共有融资租赁企业66家，较2018年增加4家，其中，金融租赁公司1家，内资融资租赁公司9家，外资融资租赁公司56家。

5.融资担保行业

根据四川省地方金融监督管理局的统计，截至2018年末，四川省已开业法人融资担保机构356家，分支机构40家（其中，省内分支机构36家，省外在川分支机构4家）。2018年，全省融资担保机构累计担保金额1045.72亿元，同比增长5.76%；截至2018年年末，全省融资担保机构在保余额1659.58亿元，同比减少1.86%。

（二）全国地方金融立法的四川样本

1.中央关于地方金融的立法相对欠缺

尽管国家明确授权省级人民政府对"7+4"类地方金融组织实施监管，但地方金融监管的制度建设却显得滞后，迄今尚未形成比较系统完备的监管规则体系。

现有金融法律法规体系主要是规范银行、证券、保险、信托等金融机构，对于地方金融组织的监管尚没有法律层面的直接依据（全国人大及其常委会制定的法律）。[①]直接规范调整地方金融的行政法规目前也仅有国务院《融资担保公司监督管理条例》，而对于融资担保和区域性股权市场之外的其他金融业务和组织的监管规范，尚缺乏国家层面的法律法规依据。因此，各地在面对潜在的金融风险与现实的金融纠纷时，地方政府虽然负有依法处置、化解矛盾的法定职责，但由于地方金融监管尚且处于"无法可依"的境地，因此地方政府通常缺乏有效的监管措施与执法手段，各地监管效果也参差不齐。

2.地方金融立法的四川样本

为促进地方金融的规范发展，全国部分省市先后出台相关地方性法规。自2016年以来至2019年5月，山东、河北、四川、天津四省市已先后出台关于地方金融监管的省级地方性法规。其中，《四川省地方金融监督管理条例》于2019年3月28日经四川省第十三届人民代表大会常务委员会第十次会议审议通过，自2019年7月1日起正式施行。四川省成为继山东、河北之后，全国第三个公布地方金融监督管理条例的省份。

图8-1　《四川省地方金融监督管理条例》公布施行

---

① 《证券法》对于区域性股权市场的规定主要为授权性规定，中央层面的规范体系主要由国务院规定和证监会规章规则构成。

　　《四川省地方金融监督管理条例》（以下简称《四川金融监管条例》）是四川省地方金融法治体系中最高位阶的法规，且是四川省首部地方金融监督管理的地方性法规。《四川金融监管条例》共6章45条，主要内容和特色包括：

　　（1）调整对象。《四川金融监管条例》先将中央有关文件规定的属于地方监管的"7+4"类地方金融组织纳入调整范围。为了避免出现监管真空，对于未来国家可能授权地方实施金融监管的新型金融业务，预留相应的空间。

　　（2）监管体系。《四川金融监管条例》规定，对于地方金融组织采取重大监管措施、实施处罚等职权均由省级地方金融监管部门承担；各市（州）、县（市、区）人民政府负责金融工作的机构承担对地方金融组织的日常检查和数据统计等工作，可以依法接受省人民政府金融主管部门委托开展有关行政处罚的具体工作。

　　（3）"强监管"与"促发展"的平衡。其中，"强监管"主要体现为强化对地方金融机构的事中、事后监管，突出对地方金融机构的行为规范：一是重要的金融监管权限由省人民政府及其地方金融主管部门承担，市（州）、县（市、区）人民政府及其负责金融工作的机构承担日常检查、舆情监控及协助省级监管部门的工作。二是加强与国家金融管理机构的沟通和协作，形成严密的监管网络，避免监管重叠和真空。三是明确非现场监管方式，省地方金融主管部门充分运用大数据、云计算等现代信息技术，增强金融监管信息的汇聚和共享，做好实时监测、统计分析、风险预警和评估处置等工作。四是明确现场检查和采取行政强制措施的方式和程序，为地方金融监管工作确立执法依据。

　　强监管是防范地方金融风险的重要保障，同时，地方金融立法也需要处理好强监管、防风险和"促发展"之间的关系，实现二者的平衡。在"促发展"方面，《四川金融监管条例》重点对优化营商环境、培育中介服务产业、鼓励金融创新、加强金融信用环境建设等内容作了规定。

四川省作为西部改革开放的高地，历来是各项改革的先行示范者。《四川金融监管条例》作为目前我国西部地区唯一的地方金融监管法规，其出台有利于完善四川省地方金融监管规则体系，为防范化解地方金融风险与推进国家西部金融中心建设、促进地方金融发展和推动金融更好地服务实体经济提供有力的法制保障。此外，该条例的制定实施，亦可为西部乃至全国地方金融监管体系的建立健全积累经验和提供参考蓝本。

第九章
社会法治的四川范例

　　我国在改革中逐步形成了具有中国特色的社会主义法治体系，依法治国方略在大江南北落地开花。四川省作为祖国西南版图的重要一隅，也紧随法治改革发展的潮流，交出了令人满意的答卷。"治蜀兴川"的美好蓝图要得到实现，必须做到健全法治、落实法治。随着四川省与民生息息相关的交通、教育、医疗等社会法治不断完善，法治引领社会治理呈欣欣向荣之势。城乡社区治理是社会治理的基石和基层创新的阵地，四川探索并形成了以党组织为核心、自治为基础、法治为根本、德治为支撑的"一核三治、共建共享"新型基层治理机制。

　　政府、社会、企业是社会发展的三大主体，社会法治与民生息息相关，意涵丰富。本章择取四川社会法治中的部分领域，管窥全身，主要包括交通法治建通途、教育法治贵树人、医疗法治立标准、社会治理法治引、基层法治百花开等法治气象。

一、交通法治建通途

　　四川省地貌东西差异巨大，地形地势复杂多样，因此交通状况也略显立体复杂。20世纪80年代以来，经过国家政策的指导扶持和四川省委省政府的努力推动，四川省的整体交通状况得到了极大改善。

　　《2019年四川省国民经济和社会发展统计公报》显示，截至2019年末，四川省高速公路通车里程已经达到7520.9公里；内河港口年集装箱吞吐能力

233万标箱，民用汽车拥有量1199.7万辆。全省铁路运营里程达5090公里，其中包含6条客运专线、10条干线铁路、8条支线铁路，覆盖全省18个市州，在地级县市已经形成了铁路网格局。成渝铁路西起成都、东至重庆，是连接川西、川东的经济、交通发展线。成渝铁路的建设不仅关系到四川省交通，更是在整个西南地区乃至全国的国民经济中都发挥着重大作用。川藏铁路（2018年12月28日暂开通至成雅段）是世界铁路建设进程中地质和地形条件最为复杂的工程。川藏铁路的建设，是维护民族团结、保卫国家统一、共护边疆稳定的大动脉。成都天府国际机场对推动四川省加快融入全球经济版图，驱动成渝、天府新区的经济发展具有重要的支撑意义。

四川省是航道资源大省，全省有2800余条河流，近11万公里。全省有通航河流176条，通航里程10540公里，居全国第四、西部第一；其中七级以上等级航道4220公里，已形成以长江为主轴，岷江、嘉陵江为干线，渠江、金沙江、沱江、涪江、赤水河、大渡河等地区性重要航道为补充的水运网络主骨架。

四川省交通已经成为中国交通枢纽系统中的重要一环，在西南大地发挥着不可缺少的作用。四川省交通的大发展离不开四川省法治建设的同步推进。在《中华人民共和国公路法》《中华人民共和国道路交通安全法》《中华人民共和国国防交通法》《中华人民共和国道路交通安全法实施条例》等法律、行政法规的基础上，四川省结合省情，制定了一系列因地制宜、促进交通稳定发展的法规规章制度，各级政府部门也高度重视，积极推动相关法律法规规章政策的落地实施。

（一）完善交通法规体系

四川省历来重视交通立法工作，并围绕高速公路、农村公路、内河航道、道路运输等重点领域不断完善法规体系。在公路管理方面，出台了《四川省公路路政管理条例》（1994年）、《四川省高速公路条例》（2015年）。随着农村公路的快速发展，农村公路建设、管理、养护等方面矛盾和问题也越来越突出，《中华人民共和国公路法》仅对县乡道管理作出原则性规定，为规范和加强农村公路建管养工作，促进农村公路事业持续健康发展，四川省于2017年出台了《四川省农村公路条例》。在道路运输方面，四川省出台了《四川省道路运输条例》（2014年）；在航务管理方面，四川省早有《四川省水路交通管理条例》（1998年）、《四川省水上交通安全管理条例》（2007年）、《四川省港口管理条例》（2009年）。随着2015年3月1日《中华人民共和国航道法》的实施及其修订，四川省结合实际出台《四川省航道条例》。该条例有利于促进四川省合理开发、综合利用好水资源，保障航道畅通和航行安全，充分发挥水运在综合交通运输体系中的作用，极大地促进了四川省经济社会的全面协调可持续发展。

为促进道路交通安全发展，满足人民群众出行需求，四川省也在公路、水路、航路管理领域陆续出台了《四川省〈中华人民共和国公路法〉实施办法》《四川省道路旅客运输管理办法》《四川省道路货物运输管理办法》《四川省机动车维修管理办法》《四川省机动车驾驶员培训管理办法》《四川省渡口管理办法》《〈四川省港口管理条例〉实施办法》等政府规章。

除了省上统一规定外，市（州）也根据各地情况出台了地方性法规来保障地方交通安全和运营秩序。成都市于2006年颁布《成都市〈中华人民共和国河道管理条例〉实施办法》《成都市城市公共汽车客运管理条例》。2017年，成都市颁布了《成都市城市轨道交通管理条例》，其内容涵盖运营管理、客运服务、应急管理乃至保护区管理等，有效地规范了成都市的城市轨道交通运营状况。2017年12月5日，巴中市颁布了《巴中市城市道路交通秩序管理条例》，推进巴中市公共交通事业前进了一大步。2018年12月13日，南充市人大发布《南充市城市道路车辆通行管理条例》规范城市道路车辆通行秩序，保障城市道路交通安全、有序、畅通。四川省已在交通运输领域形成了以地方性法规、政府规章为主体，以规范性文件为补充的交通运输法规制度体系。

（二）推广交通安全经验

四川省人民政府特别重视对道路交通管理的经验推广。每年交通安全部门均开展交通安全宣传活动。交通管理部门通过发放宣传资料、设置宣传展板、播放宣传视频、开展现场宣讲等方式，广泛宣传交通法律法规及安全出行知识。

四川省通过结合典型案例阐明交通违法的严重危害，引导广大群众牢固树立遵纪守法意识和安全出行意识，共同营造安全畅通、文明和谐的交通环境。2000年3月25日，华蓥市发生重大交通事故。事故发生后，四川省委省政府高度重视，明确指示有关部门要采取果断措施，切实做好事故预防工作，杜绝重特大事故发生。2000年3月27日，四川省人民政府办公厅发出《关于进一步加强道路交通安全管理的紧急通知》，要求各级政府、各主管部门必须警钟长鸣，切实抓好道路交通安全工作。2004年初，四川省连续发生几起重特大交通安全事故，给人民生命财产造成了重大损失。2004年1月20日，四川省人民政府办公厅发出《关于切实加强道路交通安全遏制重特大事故的紧急通知》。四川省人民政府要求全省城市公共交通安全管理工作要加强领导，坚持长效管理；深入教育，强化安全意识；完善制度，落实安全责任；加强调度，保证安全运营；组织检查，遏制交通违法行为。

（三）发展"互联网+交通"

近年来，四川省交通运输信息化建设围绕行业监管应用、服务社会公众和信息化基础设施建设三个方面，进一步统筹整合省交通运输厅直单位现有软硬件资源，推进应用集约化、平台一体化，更好地服务于民，方便了群众出行。2017年，四川省已经建成重点公路建设市场信用信息管理、超限运输审批管理、执法人员和车辆、交通运输安全管理、全省公路数据库、省市县三级道路运政管理、重点运输车辆卫星定位监控、船舶"一卡通"、交通建设电子招投标监督管理等系统。交通运输网上审批服务平台建设取得阶段性成果，大件运输许可事项已实现网上办理。此外，不断探索基于信息化的公共交通服务新方式，开展政企合作模式的综合交通出行服务信息共享应用科技示范工程建设，建成交通出行信息服务系统，及时发布路况信息。完成公路水路交通应急指挥及抢险救助保障系统（一期）工程建设，实现省市县三级交通运行监测及应急事件的统筹指挥，实现对试点市、县交通基础设施和应急资源的信息化管理；建成了"一大两小"移动应急平台和通信调度系统，有效提升了移动应急指挥和应急通信保障能力。切实提高交通运输信息公开的全面性，确保权威性，增强时效性和针对性，做到了收集信息及时、发布信息准确、更新信息迅速。努力提升出行信息服务能力，发布四川交通路况信息，开展实时路况互动直播，为超百万的用户提供高效出行信息。

四川省人民政府及相关部门通过增强法治思维和法治意识、持续深化"放管服"改革、健全完善公路法制体系建设、深化行政执法体制机制改革、持续推进执法规范化建设、强化行政权力制约和监督，促进了全省交通法治化。

二、教育法治贵树人

教育事业承载着蜀地的未来。四川省是一个多民族省份，共有55个少数民族，其中包含彝族、藏族、羌族、苗族、回族、土家族等14个世居少数民族。《2019年四川省国民经济和社会发展统计公报》显示，截至2019年末，四川省共建有小学5725所，初中3734所，普通高中779所，特殊教育学校129所，中等职业教育学校（含技工学校）498所，职业技术培训机构4158个，普通高校126所，研究生培养单位36个，成人高等学校14所。

（一）加强教育立法

四川省很早就重视教育立法。1991年7月29日，四川省人大常委会发布《四川省中等职业技术教育暂行条例》，促进了四川省中等专业教育、中等技工教育和职业高中教育的发展。1992年10月1日，四川省人大常委会发布《四川省国防教育条例》，加强了国防教育，增强了公民的国防观念，促进了国防建设。随着《中华人民共和国义务教育法》的颁布，1995年10月19日，四川省人大常委会发布《四川省义务教育条例》，对四川省实施义务教育进行了明确规定，为培养社会主义事业的建设者和接班人奠定基础。2003年3月27日，四川省人大常委会发布《四川省专业技术人员继续教育条例》，有利于不断提高专业技术人员素质，促进经济和社会发展。2008年7月25日，四川省人大常委会发布《四川省〈中华人民共和国民办教育促进法〉实施办法》鼓励并规范民办教育发展。2014年5月29日，四川省人大常

委会发布《四川省〈中华人民共和国义务教育法〉实施办法》，根据四川省情对义务教育均衡发展、治理学校乱收费、适龄儿童入学等进行了规定。2018年7月26日，四川省人大常委会发布《四川省教育督导条例》，有利于保证教育法律、法规、规章和国家教育方针、政策的贯彻执行，提高教育质量，促进教育公平，立德树人，推动教育事业科学发展。

（二）推进依法治教

要坚持全面依法治国基本方略，在教育领域也要深化依法治教实践。2014年9月9日，四川省依法治省领导小组印发《关于深入推进"法律进学校"的实施意见（2014—2016年）》和"法律进小学、中学、高校"3个具体实施方案。通过深化法律进学校，四川省健全了从小学到中学再到大学的科学、合理的法制教育体系。

要完善教育法治首先要有一个科学、长期的规划作为指导。2015年1月19日，四川省委教育工委、教育厅根据教育部印发的《全面推进依法治校实施纲要》和四川省委《四川省依法治国纲要》等文件，共同调研拟订了《四川省教育系统深入推进依法治教行动计划（2015—2020年）》。该计划提出到2020年，依法治教全面落实，教育工作全面纳入法治化轨道，教育法规规范更加完善，教育行政权力依法规范公开运行，学校依法治校能力和水平全面提高，公民教育权益得到依法保障，教育系统依法治理能力显著提升。

（三）完善教育依法治理

为充分发挥咨询专家团和律师顾问团的作用，四川省教育厅坚持实行重大决策专家咨询制度，保证教育决策的科学化。据《2019年四川省人民政府履行教育职责情况自评报告公示》，目前全省中小学法治副校长（法治辅导员）和法律顾问配备率达到100%。对涉及群众切身利益或社会高度关注的重大政策措施，教育厅通过调查研究、咨询座谈等方式，广泛听取市（州）教育行政部门、学校、专家学者等各方意见，提高了决策过程的透明度。2018年，为深化教育体制机制改革，四川省在广泛征求公众意见的基础上制发了《关于深化教育体制机制改革的实施意见》《对市（州）人民政府履行教育职责的评价办法》《关于全面深化新时代教师队伍建设改革的实施意见》等规范性文件；制定了《四川省教育督导条例》，依法督导。

针对教育领域民众最关心的高考招生问题，四川省实施了高校招生"阳光工程"，推动高校重点做好录取程序、咨询及申诉渠道、重大事件违规处理结果、录取新生复查结果等信息公开工作，四川省教育厅在四川省教育考试院官方网站上设立了"阳光公示"专栏，及时公开高校自主招生办法、考核程序和录取结果，全面实行考试加分考生资格公示工作。严格执行教育部和四川省的各项招生政策和纪律，深入实施高校招生阳光工程，落实招生信息"十公开"要求，多渠道全面、准确公布招生政策办法、招生计划和录取相关信息。《2019年政府信息公开工作年度报告》显示，四川省主动公示有关资格考生68.5万人次，其中普通高考54.2万人次，成人高考14.3万人次。

四川省切实加强和改进党对依法治教的领导、切实加强教育立法、加快推进依法治校、完善教育依法治理，努力搞好四川教育工作，为治蜀兴川伟大事业添砖加瓦。

三、医疗法治立标准

在新时期推进健康中国建设，核心就是以人民健康为中心，搞好医疗保障。《2019年四川省卫生健康事业发展统计公报》显示，截至2019年末，四川省共有医疗卫生机构83757个，其中医院2417家，基层医疗卫生机构80499个，医疗卫生人员79.43万人。医疗卫生资源的迅速增加，使得人民群众医疗资源获得的机会更多。为满足人民群众需求以及应对更加复杂的矛盾，四川省医疗卫生行业在法治方面以基层为重点，以改革创新为动力，从多方面探索健康中国路径。

（一）依法推进医保改革

为优化医疗资源配置，减轻群众医疗费用负担，提升医疗保障待遇水平的公平性和参保群众用药的可及性，促进医疗新技术及时进入临床使用，四川省医疗保障局贯彻落实国务院、国家医疗保障局及相关部委的政策精神，依法出台了一系列推进医保改革、成果惠及民生的规范性文件。四川省医疗保障局严格执行规范性文件制定程序，在广泛征求意见、慎重评估风险的前提下，根据自身职能职责，起草了关于生育保险和职工基本医疗保险合并实施、国家组织药品集中采购和使用试点扩大区域范围工作及医保配套措施、完善"两病"门诊用药保障机制、完善四川省"互联网+"医疗服务价格和医保支付政策等实施意见，制发了关于新增医疗服务项目及试行价格、开展谈判抗癌药落地信息调度工作、完善国家谈判药品和部分高值药品支付管理政策、调整计划生育免费技术服务例平包干结算标准、将三种罕见病纳入门诊特殊疾病管理、调整规范药品名称等通知。

（二）完善医疗纠纷调处机制

四川省医疗卫生的欣欣向荣离不开四川省良好法治的支撑和引航。为规范医疗纠纷处理，维护正常医疗秩序，切实保障医患双方合法权益，四川省人民政府于2007年9月21日发出《关于做好医疗纠纷防范和化解工作的通知》。通知要求发生医疗纠纷必须坚持依照法律法规处理；要建立独立于医疗机构的医疗纠纷人民调解组织；各市（州）仲裁机构在建立医事仲裁专家库和相关制度的基础上着手开展医事仲裁业务；在全省开展医疗纠纷案件审理培训，促进医疗纠纷案件审理规范化；积极推行医疗责任保险；完善医疗事故鉴定办法。为推进社会治理创新，建设平安中国，四川省拟制定《四川省医疗纠纷预防与处置办法》。拟解决的主要问题包括建立健全省医疗纠纷预防和处置长效机制，明确各职能部门职责，形成工作合力；完善医疗纠纷调解工作机制，前移医疗纠纷化解关口，维护正常医疗秩序。

（三）加强医疗法治宣传

四川省卫生健康部门注重卫生健康领域的信息公开。首先，围绕群众关切事项，加大重点领域的信息公开力度。重点公开国家免疫规划、突发公共卫生事件、传染病疫情及防控等信息，完善百度地图全省预防接种单位信息公开，在卫健委门户网站、"健康四川官微"等平台公开免疫程序和接种规范。与此同时，定期发布法定传染病疫情及突发公共卫生事件信息，指导市（州）和县（市、区）每季度按要求公开饮用水卫生状况信息。其次，认真

做好疾病应急救助、健康扶贫、惠民便民政策措施方面的信息公开工作，指导各地卫生行政部门和医疗机构落实公示制度。动态公开卫生健康领域民生实事推进情况，不定期公开监督检查和行政处罚案件信息，增强监管威慑力和公信力。推进人大代表建议和政协委员提案办理结果公开，对社会广泛关注、关系民生的建议提案均公开答复。最后，紧跟时代，利用"互联网+政务服务"模式，推进网上办事服务公开，清理并公布"最多跑一次"清单和"全程网办"清单。按照《四川省公共服务事项目录（2018年版）》，进一步规范办事指南和审查工作细则。在这些举措之外，省卫生健康部门还积极开展健康科普宣传，以群众需求为导向，在"健康四川官微"开设健康科普专栏，发挥《医生来了》《健康四川》《李伯清话健康》等电视节目宣传效应，开展百名专家百场巡讲，举办"健康相伴 幸福同行"巡演活动，既传播了健康知识，又接地气地解读了相关惠民政策，进一步提升了四川12320卫生热线健康服务功能。

除了卫健委，其他卫生部门也在为建设"健康四川"作相应的自纠自查和自调，比如四川省卫生和计划生育委员会专门制定了《四川省卫生计生监督执法全过程记录制度（试行）》，规范卫生计生领域的督导执法，把相关要求和规范传达给了各市州及省卫生计生监督执法总队，加强了对行政权力的制约和监督。

（四）深入医疗法学研究

2007年，经四川省社会科学联合会、四川省教育厅联合批准，四川医事卫生法治研究中心在泸州市成立。该研究中心是我国第一个省级的医药卫生法学研究机构。研究中心本着构建和谐医药卫生法治社会的初心，有针对性地开展了多项医事卫生法治重大理论和实践问题的研究。该中心的研究成果被全国医疗健康行业广泛采用，为卫生健康行业的法治监督和法律服务提供了切实可行的理论支持和实务指导。

增强卫生健康行业的基础法治，是早日实现依法治国、依法治省的必经之路，也是建设中国特色社会主义法治体系、建设社会主义法治强国的重要组成部分。四川省医疗法治有序发展给依法治国提供了坚实保障。

四、社会治理法治引

四川省委省政府近年来致力于将治蜀兴川各项事业全面纳入法治化轨道，在全面依法治省新形势下，深入推进法治社会建设，持续开展扫黑除恶专项斗争，传承发扬新时代"枫桥经验"，推动共建共治共享的现代社会治理新格局。

以成都市为代表，将营造有温度的生活共同体、让居民群众有更多的获得感和幸福感作为社区治理和服务创新的出发点和落脚点，并不断探索以居民群众为主体的社区治理转型路径，推进基层社会治理创新。

（一）顶层设计：法治引领推动社会治理创新

法治顶层设计。2019年《四川法治报》数据显示，2013年四川省颁布《四川省依法治省纲要》，2014年作出依法治省决定，2015年四川省组织起草依法治省指标体系、评价标准、评估办法，2016年四川省探索用法治引领保障推进"五位一体"总体布局的方法路径，2017年四川省出台对"关键少数"履行"三个推动""四个亲自""五个同"法治建设第一责任人职责制

度规定。2019年乡村法治建设、2020年依法治县工作等特色鲜明。四川省坚决贯彻中央依法治国重大决策部署，以关键工程狠抓依法治省，并不断在依法执政、法治政府建设、司法建设、社会治理等方面稳步推进。《成都市社区发展治理促进条例》于2020年8月28日由成都市第十七届人民代表大会常务委员会第二十次会议通过，经省第十三届人民代表大会常务委员会第二十二次会议批准，自2020年12月1日起施行。这是全国第一部由副省级城市立法的社区发展治理促进条例，率先树立了集党务、政务、社务、居务等多层面于一身的"立体社区"的法治指引。

党委推动顶层设计。例如，2019年3月19日，四川省委书记、四川省委全面依法治省委员会主任彭清华主持召开省委全面依法治省委员会第一次会议。2019年4月26日，四川省推进法治政府建设工作电视电话会议举行，会议深入学习贯彻习近平总书记关于全面依法治国的重要论述和对四川省工作系列重要指示精神，突出问题导向和工作重点，进一步加大改革攻坚力度，坚定不移把法治政府建设推向前进。

（二）夯实基层：形成共建共治共享的基层社会治理格局

在创新社会治理方面，四川省2018年将夯实基层打牢基础作为依法治省重点工作，积极探索基层治理体系和治理能力现代化建设，加快形成共建共治共享的现代基层社会治理新格局。

全面建设社会治安防控、矛盾纠纷多元化解、网格化服务管理体系。据2019年《四川法治报》数据显示，近年来四川省全面建设扎实推进社会治安防控、矛盾纠纷多元化解、网格化服务管理体系。四川省综治中心建成运行，15个市（州）、136个县（市、区）、2199个乡镇（街道）、3803个社区和14024个村完成综治中心建设，初步实现五级综治中心互联互通。做实做细网格化精准服务管理，全省共划分网格11万余个，基本构建县（市）、乡镇（街道）、村（社区）、网格四级联动体系，网格内精确化服务管理实施落地。

服务基层法治，引领基层创新。四川省委全面依法治省办精选出95个特色创新项目。农村、社区在省委组织部组织下开展"三分类三升级"活动；省教育厅开设中小学法治教育课；成都市在临空经济示范区街道试点建立法治建设委员会。乡村治理中村干部代办、村民"积分制"管理、基层综合治理等逐渐完善，四川乡村治理积累了自治、德治、法治方面的宝贵经验与社会成效。

法治宣传深入基层，培育法治信仰。群众法治信仰是法治根基。2019年《四川日报》显示，为了厘清普法责任，四川省颁布了《关于实行国家机关"谁执法谁普法"普法责任制的实施意见》，47个省级部门的普法责任清单清晰在列。加强法治文化，通过法治宣传栏、法治文化公园、法律图书室（角）、法治教育基地、普法讲师团等等在基层深入推进法治文化，在全社会弘扬"尊法、学法、守法、用法"。坚持完善领导干部尊法、学法、守法、用法制度，2018年四川省各级单位（党组）理论中心组开展宪法专题学习活动5200余场次，在各类学校开展"学宪法讲宪法"等活动。四川通过深入基层，增强了法律服务群众的能力，注重公共法律服务体系建设，注重依法有效化解社会矛盾纠纷，发动全社会形成解决问题用法、化解矛盾靠法的法治氛围。

（三）成都实践：有温度的生活共同体，城乡社区治理创新

全国中心城市中，成都市具有代表性。成都市作为中心城市在推进全国社区治理和服务创新事业中发挥了"引擎"作用，走在全国社区治理的前列，成都社区被誉为"有温度的生活共同体"。城市社区治理创新逐步形

成四大（趋势）特点——注重社会化参与、注重法治化引领、注重精细化服务、注重信息化支撑。成都市探索形成特大城市治理能力和治理体系现代化。

成都市委城乡社区发展治理委员会成为全国首创。新形势下，城乡社区发展面临群众诉求复杂、基层治理难度加大等问题，为了解决社区治理"九龙治水"、缺乏顶层设计的问题，2017年9月中共成都市委城乡社区发展治理委员会（简称"成都市委社治委"）正式设立，并召开了成都市城乡社区发展治理大会。成都市在市委专门设立一个负责统筹推进城乡社区发展治理改革工作的职能部门，在全国开创先河。在这之前，城乡社区发展工作一般由组织、民政、财政、住建等40余个部门分工负责，各部门对社区多头延伸、多头考核的"九龙治水"，增加了基层负担。"成都市委社治委"成立后，履行统筹指导、资源整合、协调推进、督促落实四个方面的职能，起到了牵头总揽的作用，既统筹了各部门的分散职能，又激活了人、财、物等资源，促进社区发展治理精细化。

营造城乡社区，培育有温度的生活共同体。社区是国家治理体系中的基础单元，2008年以来，成都市社区治理制度设计围绕"还权、赋能、归位"，通过"社区、社会组织、社工"三社联动，近年又开展了城乡社区可持续总体营造行动。社区营造活动持续进行以解决社区中的问题，营造有温度的生活共同体。社区营造活动取得了一定社会成效，激发了社区骨干、志愿者、居民自治组织、社区公益组织，开展自我管理、自我服务、自我教育和自我监督，形塑社区公共精神，形成人人参与、人人尽责、人人共享的社区治理格局。

成都市近年来持续加大对社工组织的扶持力度，仅2016年就投入专项资金820万元，实施第一批城乡社区可持续总体营造。2018年4月8日，成都市多部门联合发布《关于进一步深入开展城乡社区可持续总体营造的实施意见》等一系列规定，在全市范围内推广社区营造。成都市城乡社区总体营造制度设计规范有序。

表9-1 成都市城乡社区总体营造原则的法治体现

序号	鲜明的法律特色
1	居民主体原则
2	共同参与原则
3	过程导向原则
4	自下而上原则
5	权责对等原则

成都市城乡社区总体营造的任务注重主体作用及程序意识：

（1）激发自组织（让居民成为解决社区问题的主体）；

（2）转化自组织（让居民从自娱自乐转为关心公共事务）；

（3）培育社区领袖（带头实现自下而上的居民参与）；

（4）开展公共素养、公民意识教育（完成社区营造的根本任务）；

（5）寻找支点撬动总体营造（运用合理的路径、方法以及工具）；

（6）协商寻求社区共识（因为社区营造的逻辑也是居民自治的逻辑）；

（7）整合资源推动社区发展（突破社区问题缺乏资源和资金支持的瓶颈）；

（8）多方协力共同营造城乡社区（处理好政府、社区、社会组织、自

组织之间的角色关系）；

（9）加强对社区可持续总体营造的支持保障（公益创投、公服资金）。

党的十九大报告明确提出要"加强社区治理体系建设，推动社会治理重心向基层下移，发挥社会组织作用，实现政府治理和社会调节、居民自治良性互动"。社区是社会治理创新的重要环节。成都市持续推进、激发社会组织活力，承接政府职能转移、完善居民自治、推动社区成为有温度的生活共同体。

2017年9月成都市民政局民间组织管理处主管的全市首家社会组织培育发展基地正式建立，在成华区民政和社会组织工作局的支持下，在成华区落地。成都市社会组织培育基地致力于整合各界资源，以促进成都市社会组织管理服务的创新发展，并推动社会治理创新。

成都市通过创新政府购买社会服务的模式，促使财政资金以多种方式汇聚到社区，积极培育社会组织，引导居民参与，撬动社会资源，营造社区共同体，推动社区治理创新。政府购买社会服务是指行政机构和其他购买主体运用财政资金向承接主体购买服务，并由承接主体根据购买合同向社区和居民提供公共服务。

成都市政府购买社会服务程序规范，制度促进社区治理转型。早在2014年7月，市民政局发布了《成都市社区公益创投活动管理办法》，确立了"以社区为平台、社会组织为载体、专业社工为支撑"的"三社互动"理念，由政府提供资金，引导社会组织开展满足社区居民需求、解决社区社会问题的活动。2017年8月，市财政局发布的《成都市购买服务工作规程》明确规定，政府购买服务项目应当通过四川政府采购网、主管部门官方媒体、发放调查问卷等方式就拟定的服务需求向社会公众征求意见。2019年成都市出台《大力推进政府向社会组织购买服务提升公共服务水平三年行动计划》，明确了优化聘用人员规模、提高购买服务比重等9项工作举措，首次提出政府新增公共服务支出通过政府购买服务安排的部分，向社会组织购买的比例不低于30%，社会组织承接购买服务支出占政府购买服务支出比例自2020年起保持在5%以上。

　　成都市还通过设立城市社区公共服务和社会管理专项资金（即公服资金），保障社区有足够资源开展自治活动，撬动社区活力。2018年，成都市在社区层面建立了"城乡社区发展治理专项保障资金"和"城乡社区发展治理专项激励资金"等。成都市的社区公服资金和专项资金在开展社区服务项目的时候均要求居民有一定自筹资金的比例。实践中，公服资金的使用方案由社区居民委员会提出，资金使用的详细方案还需要由社区居民议事会表决通过，不仅引导了社区的居民议事会和院落小组参与社区公共服务项目的决策，而且促进了居民自治，链接了社区中的"人"，培育了社区公共精神。成都市的公益创投资金也是以社区服务和社区营造为主要对象。成都市的社区公益创投在2018年改由社区书记作为项目的责任人，而社会组织则作为公益创投项目的承办方，促进了公益创投项目在社区扎根。

　　除传统的政府购买社会服务之外，社区公益创投、社区公服资金、城乡社区发展治理专项资金在使用方式上具有共同的特点：着重强调以社区居民的需求为导向、以居民自治机构（居民议事会和院落会议）的评议作为选择标准、以居民参与和责任分担为前提条件，以社区建设为纽带，促进社区治理的结构转型。

　　成都市逐渐在各社区建立社区基金，解决社区生活议题，通过三社联动、社区营造，激发和转化社区社会组织、培育居民公共精神、关注社区公共利益、协商寻求社区共识，致力于激活整个社区资源，有效提升社区居民获得感、幸福感。

　　习近平总书记在四川调研时到访的郫都区唐昌镇战旗村就是农村社区治

理创新的代表。四川集体经营性建设用地使用权竞拍的第一槌就诞生于战旗村。战旗村致力于探索所有权、承包权、经营权三权分立的集体经济股份制量化改革，让每一个村民分享改革的红利，并成为4A级景区。

五、基层法治百花开

泸州市狠抓信用体系建设难题。泸州市成立由市政府主要领导任组长的社会信用体系建设领导小组，建立健全顶层推进机制，形成了横向联合、上下联动的工作机制，而且将信用体系建设工作经费纳入年度财政预算，全面推进政务公开、全面实施简政放权等"六大工程"。

德阳市探索基层政务公开的管理运用标准。德阳市在全市6个县（市、区）全域开展试点工作，逐步形成了基层政务公开的管理运用标准。通过试点，达到以公开促落实、以公开促规范、以公开促服务、以公开促廉洁的目标，"四个促进"局面形成。

宜宾市严格考核全面依法治市工作的基层落实。自从党的十八届四中全会以来，宜宾市采用规范的制度、严格的考核推动全面依法治市的基层落实工作，并且强化各级"一把手"履行推进法治建设第一责任人职责，专门制定了党政"一把手"依法行权绩效评估办法，将各"一把手"的依法行权纳入严格评估、强化监督的制度之中。

内江推出了"1+1+1"基层治理模式。内江市探索建设一个特色法治宣传阵地、一支法治服务队伍、一批特色经验的"1+1+1"基层治理模式。

地方基层治理还涌现出巴中市"众口调"的探索与实践、凉山精准普法套餐等。

以成都市为代表的城乡社区治理，在社会治理创新实践中，规章建制推动社会治理创新，《成都市社区发展规划（2018－2035）》高屋建瓴。2019年成都市以"国际化营商环境建设年"为重点，坚持党建引领城乡社区发展治理，以建设高品质和谐宜居生活社区为目标，深入实施社区优美形态、活力业态、特色文态、绿色生态、和谐心态的"五态提升"。基层对社区规范发展予以回应并创新，例如支矶石街、泡桐树街、小通巷、奎星楼街先后被评为成都市最美街道，少城街道的《以创新场景营造凝聚社区发展治理新优势，提升少城片区融合治理新动能》2020年被人民网评为全国十大创新社会治理最佳案例。

图 9-1 成都市最美街道之一"泡桐树街"

法治引领社会治理创新，成都正在不断提升特大城市治理体系和治理能力现代化水平，四川社会法治正在阔步前行。

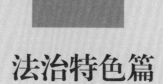

法治特色篇

四川法治读本

第十章

涉藏地区法治的四川特色

四川省涉藏地区地处川、藏、青、甘、滇五省（区）接合部，是康巴文化的核心区，主要包括甘孜藏族自治州（以下简称甘孜州）和阿坝藏族羌族自治州（以下简称阿坝州），是我国第二大涉藏地区。作为"汉藏走廊"，四川省涉藏地区是内地连接西藏的重要通衢，前有茶马古道，今有"一带一路"，推进四川省涉藏地区法治化具有重要的战略意义。

2015年8月，中央第六次西藏工作座谈会首次提出"依法治藏"的重大方略，意味着党中央将涉藏地区各项工作纳入法治化轨道。四川省作为拥有我国第二大涉藏地区的省份，涉藏地区法治问题成为四川省依法治省的关键所在。四川省委始终坚持以习近平新时代中国特色社会主义思想统揽依法治省各项工作，扎实推动依法治国基本方略在四川省涉藏地区落地生根、开花结果。

一、法律服务多元化

（一）持续开展"法律七进"活动，讲好法治宣传"新故事"

1.直击"法律七进"普法宣传现场

坐标：阿坝州九寨沟县新区十二相广场

时间：2019年12月4日

据阿坝州司法局报道，为了深入开展"法律七进"活动，扎实推进涉藏地区法治宣传工作，努力提高涉藏地区同胞法治意识，一场多部门联动的法治宣传活动——以"弘扬宪法精神，推进国家治理体系和治理能力现代化"为主题的国家宪法日暨全国法治宣传日主场集中宣传活动正在进行。本次法治宣传活动由九寨沟县委依法治县办、县委宣传部、县司法局牵头，联合县委政法委、县公安局、县检察院、县法院、县教育局、县卫健局、县综合行政执法局等部门开展。

图 10-1　"法律七进"普法宣传现场（图片来源：阿坝州司法局）

　　为确保此次宪法日宣传活动取得良好的社会效果，各单位按照"谁执法谁普法"责任制，通过摆放宣传展板，发放挂历（年历）、宣传资料、法治小礼品，设立咨询台，播放流动音响普法等形式，以宪法宣传为重点，进行多角度、全方位的宣传。在活动现场，大家踊跃参与有奖知识问答，在收获奖品的同时，也收获了学法的快乐，提升了法律意识，受到广大群众一致欢迎。

　　尽管天气寒冷，但现场围观咨询的群众络绎不绝，很多群众表示观看了宪法知识宣传后感觉受益匪浅。参加活动的李阿姨说："今天参加了宪法日

宣传活动，从内心被激发要尊崇宪法、文明守法，建议今后多举办类似的宣传活动，到时候还要带家人朋友来，认真学习法律知识。"

2."法律七进"助推涉藏地区长治久安

四川省委在作出"依法治省，建设法治四川"重大决策的基础上，强调"治蜀兴川重在厉行法治"，坚持把法治宣传教育作为重要的基础性工程，突出抓好法律进机关、进学校、进社区、进乡村、进寺庙、进企业、进单位工作，这就是"法律七进"工作。2014年，四川省司法厅制定《四川省推进"法律七进"工作方案》，联合四川省委宣传部出台《四川省"法律七进"三年行动纲要（2014—2016）》，把推进"法律七进"所需普及的重点法律知识进行逐年、逐项、逐条安排，列出菜单式普法大纲，增强宣传教育工作的针对性、实效性，将"法律七进"落到实处。

"法律七进"已经成为推进涉藏地区依法常态化治理，推动涉藏地区长治久安的"助推器"。甘孜州司法局公布的数据显示，截至2019年，甘孜州建设完成乡村法治宣传栏1322个、法律图书室（角）1781个，设置法律援助工作站（联系点）253个，培养乡村法律明白人5054名，引导村民依法自治，解决"最后一公里"问题。法治宣传"新故事"入千家进万户，进一步扩大了法治宣传覆盖面，进一步彰显了法治宣传教育的基础性作用。

甘孜州司法行政系统主要通过三项措施推动"法律七进"活动。一是多渠道广泛宣传，以州局示范宣传为主导、县（市）局城区宣传为重点、各乡（镇）司法所流动宣传为延伸，点面结合扩大宣传覆盖面；二是多场所深入宣传，强化特殊场所宣传教育，基层司法所将普法宣传教育深入到社区、学校、网吧等场所乃至田间地头和虫草松茸采挖点；三是发挥职能优势，强化特殊人群的法治教育，各基层司法所加强对社区服刑人员和刑释解教人员的普法宣传教育，防止他们重新犯罪。

阿坝州各县（市）、州级各部门结合自身工作职责，认真履行"谁执法谁普法"责任，开展以案说法、邀请专家举办法治课、职工集中学法、街头法治宣传、法治手抄报比赛、播放法治宣传片等形式多样的法治宣传。此外，阿坝州积极组织各类新闻媒体，综合运用宣传手段，充分利用《阿坝日报》、阿坝州电视台、《阿坝政法》等宣传平台，对全州展开全方位、立体式的普法宣传。

四川省涉藏地区以"法律七进"为着力点，深入开展普法宣传工作，通过采取普治并举、分类指导、整体推进的工作方式，创新普法形式，基本建立"党委领导、人大监督、政府实施、政协配合、部门协调配合、全社会共同参与"的普法工作格局。

3."法律七进"的三大效应显现

"法律七进"已经成为涉藏地区普法宣传的常态化工作。随着"法律七进"工作的有效展开，涉藏地区群众的法律意识逐步提升，法律成为涉藏地区群众解决争议纠纷、维护自身合法权益的首要选择。"法律七进"的三大效应已经逐渐显现出来。

第一，有利于构建长效普法机制。虽然法治宣传历来都是涉藏地区工作的重点，但是以往的普法方式单一，普法观念保守。普法宣传应当是一项长期性的工作，但是以往大多数普法宣传主要是短期型的突击性普法，收效甚微，部分地区的普法宣传甚至只是走走过场，没有得到很好的落实。随着"法律七进"的开展，涉藏地区法治宣传逐渐形成一套长效机制，法治宣传不再是为了"完成任务"；宣传手段也逐渐呈现多样化特点，例如综合运用法治故事、普法年历、双语视频等形式进行普法宣传。

第二，有利于提高涉藏地区同胞的法治意识。受特殊历史文化的影响，涉藏地区同胞在解决纠纷时通常会诉诸习惯法。虽然涉藏地区同胞所遵循的

习惯法有一定的合理性，但是，习惯法作为非正式的法律渊源，也有其相应的缺陷。"法律七进"通过丰富多彩的普法活动，让涉藏地区同胞知法、懂法、守法，提高涉藏地区同胞的法治意识，有利于形成"遇事找法"的内心自觉。

第三，有利于形成良好的法治环境。良好的法治环境意味着通过法律可以规范并调控人的行为，使人们的行为按照法律的要求去实施，这样，整个社会就会形成依法而治的氛围。但这绝不可能一蹴而就，需要广泛持续地开展法治宣传活动，充分发挥法治宣传的基础保证作用。通过"法律七进"活动的开展，宣传法治理念、倡导法治思想、弘扬法律精神，增强涉藏地区同胞的法律素养，树立尊重法律、维护法律的观念，从而形成崇尚法律权威、严格依法办事的社会法治氛围。

（二）深入开展"司法便民"行动，促进涉藏地区法律服务全覆盖

"司法便民"是深入推进法治国家建设的重要环节。四川省涉藏地区始终以习近平新时代中国特色社会主义思想为指引，坚持党对司法行政工作的绝对领导，坚持以人民为中心的发展理念，深刻把握新时代依法治州面临的新形势、新任务、新要求，坚定不移推动涉藏地区司法行政工作向纵深发展。在四川省委、省政府的领导下，涉藏地区各级司法机关结合本地区实际情况，在律师服务、安置帮教、助力农民工讨薪等方面深入开展独具涉藏地区特色的"司法便民"行动。

1.律师服务方面

由于地域和经济发展水平的制约，四川省律师事业发展不平衡，偏远地区的基层群众法律需求无法得到有效满足，一定程度上制约了当地经济社会

的发展和法治公平的实现。2012年8月，四川省委统战部、四川省司法厅共同发起成立了四川同心·律师服务团，旨在发动知名律所、律师以对口帮扶的形式开展法律援藏活动。成立至今，同心律师服务团持续扩大覆盖面，不断加大帮扶力度，实现了涉藏地区县（市）全覆盖，推动形成办事依法、遇事找法、解决问题用法、化解矛盾靠法的法治良序。

四川同心·律师团采取与涉藏地区各州、县（区、市）签订法律服务顾问协议的方式，通过一对一精准式帮扶，为助力乡村振兴建设提供无偿式、专业化法律服务，同时为基层行政单位的行政行为步入法治轨道提供了坚实的保障。律师团按照省委统战部、省司法厅要求，充分利用网上网下、举办培训、坐班学习等方式，全力做好法律援助服务工作，携手提升涉藏地区法治建设水平。

2.安置帮教方面

安置帮教和社区矫正是综合性强，涉及国家司法、刑罚执行、治安管理、社区管理、群众工作等诸多层面的重要工作。多形式参与安置帮教和社区矫正工作，是全面提升特殊人群管理、教育和帮扶工作质效的有效途径。

阿坝州通过健全组织网络，明确工作任务，完善工作机制，创新管理手段，实现社区矫正网络化管理，确保社区矫正实效。同时，采取多样化的措施，全面加强社区矫正工作，对重点人员做到"基本情况明、矫正思路清、个案措施强"，定期分析思想动态，排查不安全因素和隐患，制定应急预案，组织专项治理。对普通社区矫正对象实行"七到位"，即社区矫正对象一周一次电话汇报、一月一次书面汇报、一月一次公益劳动、一月一次走访、一季度一次集中教育、一月一次评议、一季度一考核奖惩。

同时，阿坝州还建立了覆盖州、县（市）、乡（镇）三级社区的矫正信息管理系统，并依托该系统实现纸质档案和电子档案统一，方便有关部门

随时掌握社区服刑人员详细情况，实现资源共享、信息共通、数据共用。在充分发挥定位系统的区域监管、信息交互、警示告知、档案管理、考核管理等功能的同时，通过手机定位技术实现对全州所有社区服刑人员动态管理、实时教育、信息互动的网络信息化管理，切实提高社区矫正工作监管教育水平，为避免社区服刑人员重新犯罪、维护社会和谐稳定发挥了重要作用，是社区矫正工作社会管理创新的又一跨越性举措。

3.助力农民工讨薪方面

农民工讨薪是一项关乎社会稳定、家庭幸福的重要工作，但是由于农民工处于社会弱势地位，一些人法律意识淡薄，面对欠薪问题难以维权。岁末年初，是广大农民工劳动报酬结算的高峰期，也是农民工劳动争议的易发期。为积极维护农民工群体的合法权益，维护社会公平正义，为弱势群体撑起一把"法律保护伞"，促进社会稳定，四川省涉藏地区积极开展"助民工讨薪"专项活动。

2017年12月15日—2018年3月15日，阿坝州扎实开展农民工讨薪法律援助专项活动，切实维护农民工合法权益。

在专项活动的组织实施方面，切实加强农民工讨薪工作的组织领导，总结以往开展专项活动的经验，制定方案、组织力量、主动作为，确保工作取得成效。

在对农民工的普法宣传方面，加强法治宣传，引导农民工依法维权。深入农民工集中的地区，通过法律咨询、发放法律宣传手册等方式突出宣传与农民工讨薪、维权密切相关的法律法规，引导农民工依法维权。

在立案程序便捷性方面，简化农民工讨薪法律援助案件受理程序，在公共法律服务中心（法律援助受理大厅）开辟农民工讨薪法律援助绿色通道，实现当天受理当天指派。同时，加强与当地法院的沟通协调，尽量缩短农民工法律援助案件的办结案周期。

二、民族宗教管理法治化

宗教管理向来在涉藏地区治理中占据重要地位，民族和宗教事务管理法治化是维护涉藏地区稳定和谐发展的基础。2016年4月24日，在全国宗教工作会议上，习近平总书记对宗教工作提出新思路新要求，以"中国化"与"法治化"为基本维度，积极运用法律手段推动解决重点、难点问题，积极引导宗教与社会主义社会相适应。这是新时代宗教工作的新思路、新观念与新实践。

（一）"走基层、访实情、入寺庙、促和谐"

为全面贯彻落实党的宗教工作基本方针，推进宗教工作法治化，涉藏地区依法治理常态化，积极引导宗教与社会主义社会相适应，"法律进寺庙"成了"法律七进"的"牛鼻子"。狠抓"法律进寺庙——四进七有"重点工作，全面树立法治权威，维护和谐稳定的宗教关系，是"法律七进"的重点工作。

"法律进寺庙——四进七有"是指法治宣讲、普法读物、法宣阵地、法律服务并进，有汉藏双语巡回法治宣讲团、有法治宣讲活动、有普法读物、有法治宣传栏、有法律图书角、有法律明白人、有法律服务联系点。甘孜州《政府工作报告》（州十二届三次人代会）显示，2018年，甘孜州命名州级"学法守法"示范寺庙、道观、教堂21座，集中培训宗教界人士5000余人。

另外，甘孜州司法局公布的数据显示，截至2019年7月，甘孜州已经建成寺庙法治宣传栏598个、图书角504个、法律服务联系点499个，培养寺庙"法律明白人"1077人。

为便利寺庙僧尼进行行政审批，甘孜州民宗委全力推动行政审批工作上新台阶，"以督查为手段，指导为方法"，多次派出工作组，深入各县民宗局、各寺庙，在全面督查寺庙违规修建、违规举办佛事活动等基础上，详细调查了解并解决行政审批工作中的困难，同时向寺庙僧尼反复宣传审批流程，增强人性化服务，真正实现僧尼办理审批"最多跑一次"。

阿坝州按照国家和省创建"和谐寺观教堂""细化分类、精准管理"有关要求，立足全州宗教工作实际，先后制定《阿坝州宗教活动场所文明和谐平安"三级联创"及分类管理实施方案》和《分类管理上档升级两年规划》，深入开展宗教活动场所上档升级和三级联创活动。阿坝州民族宗教事务委员会公布的数据显示，阿坝州目前已创建省级文明和谐平安场所66座、州级174座、县级273座，创建全省僧尼公寓建设示范点3个，宗教团体荣获"全省先进佛协"称号10个，宗教人士荣获"全省爱国守法先进个人"称号690人。

（二）民族风情文化大融合，谱写民族团结进步新篇章

文化认同是民族团结之根、民族和睦之魂，四川涉藏地区是康巴文化的核心区域，拥有灿烂的民族文化，民族风情也别具一格。涉藏地区政府充分利用这一优势探寻形成民族文化相互认同的多样途径，促进各民族文化深入融合，以进一步加强民族团结，打造特色涉藏地区法治。

在法律政策方面，四川涉藏地区结合自身特色制定促进民族团结和谐的地方法规。

甘孜州是省内第一个制定民族团结进步条例——《甘孜藏族自治州民族团结进步条例》（以下简称《甘孜州民族团结条例》）的地区，《甘孜州民族团结条例》已于2016年8月1日起正式实施。《甘孜州民族团结条例》第一条规定："为全面推进民族团结进步事业，巩固和发展平等、团结、互助、和谐的社会主义民族关系，促进各民族共同团结奋斗、共同繁荣发展，依据《中华人民共和国宪法》《中华人民共和国民族区域自治法》《甘孜藏族自治州自治条例》等法律法规，结合甘孜藏族自治州（以下简称甘孜州）实际，制定本条例。"可见，《甘孜州民族团结进步条例》的目的旨在全面推进民族团结进步事业，巩固和发展平等、团结、互助、和谐的社会主义民族关系，促进各民族共同团结奋斗、共同繁荣发展。为了深入开展民族团结宣传教育活动，《甘孜州民族团结条例》规定每年9月为自治州民族团结进步活动月，并将9月16日定为甘孜州"全州民族团结进步节"。

《阿坝藏族羌族自治州民族团结进步条例》（以下简称《阿坝州民族团结条例》）于2019年7月1日起正式实施。《阿坝州民族团结条例》将民族团结进步各项内容固化为法律形式，为民族团结进步事业的发展提供了法治保障，为构建和谐民族关系、确保社会和谐稳定提供了有力的制度举措和法律保障。

在推动民族传统文化创造性转化和创新性发展方面，四川涉藏地区积极开展全方位的少数民族文化保护和传承活动。

阿坝州在开展民族文化保护和传承活动方面积极作为，多举措加深涉藏地区同胞对自身民族的认知，提高涉藏地区同胞的民族自豪感、认同感。第一，规整自身民族特色文化活动，使羌绣、藏族编织挑花刺绣入选国家传统工艺振兴目录；第二，着力发展特色民族文化产业，打造诸如唐卡、羌绣、祥巴、西路边茶、藏谜、九寨千古情等一批国际知名民族文化品牌；第三，加强各民族文化交流，增强自身民族文化影响力，在省内推广藏羌戏曲文

化，开展"藏羌戏曲进校园"活动，同时还在上海、深圳建立非遗项目传习基地，增强与内地各民族的文化互学互鉴。

甘孜州致力于打造全域旅游文化产业，"春赏花、夏避暑、秋观叶、冬玩雪"的四季旅游市场是其追求目标。在传统文化保护上，甘孜州通过康巴艺术节、山地旅游节、康定情歌节、丹巴嘉绒风情节等民族节日创作歌舞、戏曲等作品400余件，大型歌舞剧20余台，并通过"圣洁甘孜"系列活动走进广东、北京、上海等城市，增强民族文化交流，著名剧场《康定情歌》《格萨尔》等在国内外进行展演，并获得高度评价。此外，格萨尔彩绘石刻技艺、藏族金属锻造技艺、药泥面具制作、南派藏医药、嘉绒刺绣、藏文书法等代表性的非遗手工技艺作品在国际非遗节上也引起了广泛的关注。

三、生态环境保护法治化

（一）立足涉藏地区实际，制定符合涉藏地区实际的成文法

四川省涉藏地区位于青藏高原的东面，地理位置较为闭塞，气候比较恶劣，自然生态较为脆弱。独特的地理环境使得其成为全球变暖影响最明显、面临的生态挑战最严峻的区域之一。正因为存在许多不利条件，四川省涉藏地区更加重视对生态环境的保护，涉藏地区关于环境保护的习惯法在这其中发挥了重要作用。涉藏地区环境保护习惯法保留着对大自然的崇拜，追求人与大自然和谐相处，具有自然崇拜性、宗教性、权威性、约束性以及世俗性几大特征。此外，涉藏地区同胞受藏传佛教的影响，相信因果报应、生死轮回等理念，重视世间所有生灵的生命。

　　涉藏地区环境保护习惯法对涉藏地区环境法治建设有十分重要的意义，更是一种珍贵的传统民族文化，为当地环境法治建设提供借鉴和思路。例如甘孜州广为流传的《候鸟的故事》，用拟人的手法描写了发生在动物之间的资源纠纷问题。涉藏地区同胞在实际生活中发生草场、虫草等资源纠纷时，就会借鉴《候鸟的故事》中解决纠纷的方式。涉藏地区环境保护习惯法中还有"神山圣湖"的禁忌以及禁止打猎的规定，这些规定来源于藏传佛教关于禁止杀生的教义，恰好符合我国环境保护法的规定，对当地的环境保护起到了十分积极的作用。

　　在涉藏地区环境保护习惯法的影响下，涉藏地区同胞对于世间万物的和谐相处有着独特的认知体系，他们对大自然充满崇拜，笃信万物有灵，不断思考及追求万物的和谐相处之道。但是在"依法治藏"的大背景之下，这种传统的生态观对于生态环境的保护显然不够，必须将涉藏地区生态环境保护工作纳入法治化的轨道。

　　《中华人民共和国环境保护法》作为环境保护的基本法，已经颁布了二十几年，但是由于涉藏地区特殊的地理条件和宗教文化条件，该部法律在涉藏地区的实施有许多特殊的具体问题需要解决。随着中央提出"依法治藏"方略，将生态环境保护工作纳入法治化的轨道，颁布具有涉藏地区特色的地方法规成了涉藏地区生态环境保护的重点工作。

　　2010年7月24日，四川省第十一届人民代表大会常务委员会第十七次会议决定：批准《阿坝藏族羌族自治州生态环境保护条例》，由阿坝藏族羌族自治州人民代表大会常务委员会发布公告予以公布。此后，甘孜州制定实施了《阿坝州大气污染防治行动计划实施方案》《阿坝州生态文明体制改革实施方案》《土壤污染防治行动计划阿坝州工作方案》等一系列配套规范性文件，编制完成《阿坝州"十三五"生态环境保护规划》，切实把中央、省委决策部署转化为强化环境保护的路线图。坚持节约优先、保护优先、自然恢

复的基本方针，全面打响大气、水、土壤污染防治"三大战役"。

经甘孜藏族自治州第十二届人民代表大会常务委员会第三次会议审议通过，并经四川省第十二届人民代表大会常务委员会第三十六次会议批准，2018年2月1日，《甘孜藏族自治州生态环境保护条例》（以下简称《甘孜州环保条例》）正式施行。《甘孜州环保条例》致力于保护和改善生态环境，合理开发利用自然资源，构建长江上游重要生态安全屏障，促进生态与经济社会的协调发展。《甘孜州环保条例》的实施，推进了甘孜州全州的生态文明建设，改善了城乡群众的居住环境，极大地促进了美丽生态和谐小康甘孜的建设。

（二）依托涉藏地区优势，大力发展涉藏地区生态经济

四川省涉藏地区始终自觉肩负生态保护重任，紧盯重点领域、关键问题和薄弱环节，加大生态文明建设力度，力争生态环境质量保持优良。

一是开展生态保育行动，提升生态自然环境。阿坝州《政府工作报告》（州十二届三次人代会）指出，2018年，阿坝州划定生态保护红线近4万平方公里，治理"两化三害"659.8万亩、中小河流23公里、水土流失86.3平方公里。完成新一轮退耕还林1.8万亩、退牧还草112万亩、封山育林8万亩，连续31年无重大森林草原火灾。甘孜州全方位多举措开展环境保育行动。甘孜州《政府工作报告》（州十二届四次人代会）表明，在森林资源管控方面，甘孜州强力实施"四个最严"制度和16条措施，深入开展"绿色亮剑"专项整治行动，有效推进农牧区"以电代柴"工程，完成农牧区现代建材替代传统木材建房3478户，新增林地面积12.44万亩，森林覆盖率达34.8%，草地植被盖度达83.87%。在生态文明建设方面，甘孜州全面推进"大规模绿化

全川·甘孜行动"和"山植树、路种花、河变湖（湿地）"工程，完成人工造林、封山育林、防沙治沙、湿地植被恢复和生态脆弱区、干旱半干旱生态综合治理5318万亩。

二是创新生态保护体制机制，促进人与生态和谐共处。2018年，阿坝州全面建立河（湖）长制，建成全国首个"人与生物圈计划"自然教育基地。甘孜州持续推进"四个全面"工作，即全面打响长江保护修复攻坚战、全面推进污染防治攻坚战、全面落实州县乡村四级河（湖）长制、全面开展环保督察反馈问题整改。

生态环境的好转为四川省涉藏地区生态经济的发展打下了坚实的基础，其中旅游业作为四川省涉藏地区最具潜力、竞争力和优势特色的富民产业，在社会经济发展中发挥了不可小觑的作用。

第一，引导生态旅游发展，营造绿色发展格局。相关统计显示，仅"十二五"期间，四川省涉藏地区共实施旅游项目91个，完成项目投资56.2亿元，涉藏地区旅游产品和品牌体系初步建成，形成了集高原特色、藏羌文化、生态休闲于一体的涉藏地区旅游发展新格局。[①]为了促进涉藏地区的生态旅游发展，四川省又先后实施《四川涉藏地区"十二五"旅游业发展规划》《金沙江流域大香格里拉国际精品旅游区——四川稻城亚丁总体规划》《大九寨环线区域旅游要素提升研究报告及实施方案》《红原机场旅游通道配套建设规划》等多项总体和专项规划。[②]

生态旅游业的发展，增加了涉藏地区同胞的收入，对涉藏地区生态环境破坏严重的放牧业、虫草采摘等传统增收项目明显减少。以阿坝州若尔盖草原铁布自然保护区为例，在大力发展生态旅游业的背景下，近二十年来，区内动物数量和种类不断增多，天然植被面积不断增加，约占总面积的80%，

---

① 肖琼. 近二十年来四川藏区旅游产业调研报告[J]. 新西部，2019（28）：13-17.

② 肖琼. 近二十年来四川藏区旅游产业调研报告[J]. 新西部，2019（28）：13-17.

森林覆盖率提升为53%。①

第二，完善生态产业体系，突出生态品牌建设。除了生态旅游业的发展，四川涉藏地区其他生态产业也得到长足健康的发展。阿坝州《政府工作报告》（州十二届三次人代会）表明，2018年阿坝州特色产业基地达82.6万亩，农畜产品产量达188.4万吨，产业体系不断完善；申报国家级农业综合标准化示范县1个，建设省级现代农业产业融合示范区5个、有机产品认证示范区3个；制定大宗产品生产质量标准8个，创建四川名牌13个、有机认证产品47个；成功注册"净土阿坝"商标，命名品牌产品80个、生产基地20个，品牌竞争力大幅提升。

图 10-2　"净土阿坝"商标（图片来源：阿坝州人民政府网站）

---

① 肖琼. 近二十年来四川藏区旅游产业调研报告[J]. 新西部，2019（28）：13-17.

四、纠纷解决机制多样化

矛盾纠纷是人们日常生活中不可避免的一个方面，小到邻里矛盾，大到刑事案件，不仅困扰着普通群众，也给党政机关带来不小的压力。怎样迅速有效解决矛盾，结合四川省涉藏地区的实际情况解决纠纷，一直以来都是当地党政领导机关考虑的主要问题。在各级党政机关领导下，在各方人员的努力下，马背上的法庭、高僧人民调解员等极具特色的纠纷解决工作在四川省涉藏地区有序开展，将法治理念与当地特色文化相结合，逐步建立起多元化的纠纷解决机制。

（一）争议纠纷前置解决，深化群众法治理念

人民调解制度是我国独有的诉讼外解决社会矛盾形式，也是被广大人民群众普遍接受的矛盾解决机制，在四川省涉藏地区的纠纷解决中发挥了不容忽视的作用，是预防和化解矛盾、促进涉藏地区长治久安的第一道防线。通过这种制度，人们可以在专业人士的主导、帮助下，迅速且有效解决已经发生的矛盾，并能够极大限度地维护双方的尊严和情感，方便矛盾双方日后的正常交往。人民调解制度亲民近民的特点，使这种纠纷解决方式在地广人稀的四川省涉藏地区深受欢迎。

在"小事不出村，大事不出镇，矛盾不上交，就地化解"的"枫桥经验"指导下，阿坝州与甘孜州均开展了人民调解组织乡镇全覆盖工作。阿坝州人民政府公布的数据显示，截至2017年，阿坝州共建立乡（镇）、村（社

区）人民调解组织1831个，实现了县、乡（镇）、村（社区）人民调解组织全覆盖；建立专业性、行业性、区域性的人民调解组织301个。2018年以来，阿坝州人民调解组织共调解案件3224件，调解成功3187件，调解成功率达98.8%。甘孜州司法局公布的数据显示，甘孜州已建立乡（镇）调委会325个、村调委会2681个，实现1079个贫困乡（村）全覆盖。甘孜州司法局与公安局紧密协作，联合推动人民调解组织有序入驻公安派出所，调解案件5159件，调解成功4987件，调解成功率高达97%。

每年的虫草季节是涉藏地区群众上山下田、为家庭创收的重要时节。为了防范土地边界、草山药山的矛盾纠纷，在源头上制止纠纷发生的可能，阿坝州与甘孜州政府在每年的这个时期，都会组织机关干部，主动深入群众，在田间地头、草山药山对矛盾进行调解，充分贴近群众、根植群众的优势，主动排查各类矛盾纠纷，实行领导包案、责任到人，力求将大事化小、小事化了。为了更好发挥人民调解的作用，帐篷夜校、马背法庭、矛盾纠纷临时调解点、便民服务中心等特色工作点如雨后春笋般出现在四川省涉藏地区，连接起基层服务的"最后一米"。据新华网报道，2018年，四川省涉藏地区首次做到了23年来在虫草采挖季无群体性纠纷和械斗事件。

在传统媒体与网络新媒体的传播下，"法为上、和为贵、调为先、让为贤"的人民调解文化逐渐在涉藏地区落地生根、创新升级，不仅在源头上解决了涉藏地区人民的矛盾纠纷，也在潜移默化中影响着涉藏地区人民，使暴力不再成为解决问题的唯一手段。调解与司法的无缝对接、宣传与教育的深度普及，不断推动着涉藏地区法治的深化发展。

（二）法律宗教互相配合，构建特色调解制度

有关数据显示，在四川省涉藏地区，约九成纠纷的解决是基于民间传统

规则，也即宗教，通过法律解决的纠纷不足10%；此外，约有58.8%的村民倾向于非诉讼解决方式，5.9%的村民偏向于诉讼方式，35.3%的村民认为两者差别不大。①这也就意味着，推进四川省涉藏地区法治化建设，必须将法律与宗教相结合，构建起独具特色的纠纷解决模式。

比起陌生的司法部门，民间高僧更能得到涉藏地区民众的信任，高僧调解员应运而生。为更好地普及法律知识，提高涉藏地区寺庙高僧的调解能力，法律进寺庙工作有序开展。在四川省司法厅的安排下，四川省佛教协会与四川省律师协会达成协议，定期派遣优秀党员律师到寺庙进行普法宣传，并通过编印汉藏双语普法读物与藏传佛教法治宣传通用讲义，对寺庙工作人员进行普法教育，进而对普通群众进行法治宣传。

在涉藏地区各乡镇人民调解委员会的牵头下，各重点寺庙纷纷成立人民调解工作室，使高僧大德加入人民调解队伍，将法律知识向广大群众普及，在潜移默化中，将调解解决纠纷的观念刻入人民心底。依法、以理、以情的涉藏地区特色调解模式，已经成为建设法治涉藏地区必不可少的手段。

"康巴安，西藏安；西藏安，天下安"，四川省涉藏地区的安定繁荣对整个涉藏地区治理至关重要，必须坚持将法治作为维护稳定的治本之策，实现从"主动维稳"到"法治创稳"的转变，充分利用宗教这一地区特色，充分发挥民族文化在社会治理中的作用，坚持宗教中国化的方向，引导藏传佛教与社会主义社会相适应，建设四川特色法治涉藏地区。

---

① 周世中，周守俊.藏族习惯法司法适用的方式和程序研究——以四川省甘孜州地区的藏族习惯法为例[J].现代法学，2012（6）：65.

第十一章

地震灾后重建法治的四川经验

　　"5·12"汶川特大地震是新中国成立以来破坏性最强、波及范围最广、救灾难度最大的一次地震。虽然这次地震灾后恢复重建时间紧、任务重，涉及面广，但由于进行了科学的统筹协调安排①，使灾后重建取得了三年重建任务两年基本完成的伟大胜利。其重要举措之一，就是坚持依法重建。法治保障汶川地震灾后重建最直接的标志之一，就是国务院制定实施了我国首个专门针对特定地方、特定区域地震灾后恢复重建的条例——《汶川地震灾后恢复重建条例》。

　　该条例明确各级政府和国务院有关部门在恢复重建中的责任，专门就过渡性安置、调查评估、恢复重建规划、恢复重建的实施、资金筹集与政策扶持、监督管理、法律责任等涉及恢复重建的方方面面工作，做出了具体的规定。该条例确立的以人为本、科学规划、统筹兼顾等方针通过四川省各级政府及援建单位的贯彻落实，实现了改善民生、维护社会公平正义的目的，充分体现了社会主义社会的优越性。以《汶川地震灾后恢复重建条例》为代表的制度性规范指引下的灾后重建，就是运用法治理念和手段管理国家的重要实践，是我国法治国家建设进程中的重要环节，同时也是我国向现代化法治国家迈出的重要一步。

---

① 　陈菲.明确政府部门责任确保地震灾后恢复重建顺利进行——国务院法制办主任曹康泰就《灾后恢复重建条例》答新华社记者问[N].光明日报，2008-06-10（02）.

一、依法重建：四川特色的灾后重建法治保障

汶川特大地震造成的巨大影响，也为高难度、复杂化的依法重建提供了实施的契机。国家通过制定《汶川地震灾后恢复重建条例》的方式，将灾后重建纳入了法治轨道，宣示了依法重建正式成为灾后重建的最高原则之一。

《汶川地震灾后恢复重建条例》采用"个案式"立法模式，针对性解决灾后重建问题，明确"多方参与，自援结合"的宗旨，落实政府及各方重建责任，实现灾后重建工作的法治约束。

在四川省灾后恢复重建委员会总结的"5·12"汶川特大地震灾后恢复重建的"四川实践"经验中，"依法重建"被置于非常重要的地位。[①]其充分反映了在中央统筹指导下，地方作为灾后重建的工作责任主体，领导广大灾区干部群众，依照宪法和法律规定，通过各种途径和形式进行灾后恢复重建，保证各项重建工作依法进行，实现重建的制度化、规范化和程序化，避免了重建工作在随意性的干扰下走上歧途的可能，体现了灾后重建自力更生、谋求发展的根本动力，显示出强大的人民性和科学性。

（一）四川特色的依法重建

重大自然灾害带来的严重、持续的社会危害对各种社会生产和生活关系造成了极大的负面影响。灾后重建是人们和自然灾害作斗争的重要体现，是

---

① 四川省灾后恢复重建委员会. 抗击汶川地震灾害的"四川实践"与启示[J]. 四川党的建设，2010（16）：10–14.

社会各方面恢复重建的过程，是社会团结的重要表现。所以，当灾后重建带着大量新型的法律和政策问题考验法制建设时，我们需要秉承法治精神、依靠法律制度进行灾后恢复重建工作。

通过健全法律体系、政策体系，使灾后重建工作中的各环节可以依法有序地进行，具体工作也可以得到确切的落实使得社会的公平正义得到保障。例如，在省的层面切实承担起"负总责"的责任，组建省重建委员会牵头抓总，建立顺畅的指挥体系和明晰的责任机制，统一协调制订规划、出台政策、使用资金，灾区市县强化组织落实，建立严格的责任制，推进重建工作任务落实。在健全群众参与机制方面，积极制定规范规则，重建全程让群众参与，群众的事情群众办，更好发挥灾区群众的主体作用。在健全社会协同机制方面，创新社会组织管理，有序推动社会力量参与重建、监督重建，形成推动加快重建的强大合力。依法重建在灾后重建中体现出强烈的社会经济价值，为四川省社会经济发展提供了强大的助力，同时为灾区经济的恢复提供了有效的法治基础与保障，保证灾区社会稳定目标的实现。

（二）法治理念的四川实践

法治是依法进行国家治理和社会调控的手段。法治作为人类社会的文明成果，成为现代文明国家的共同选择。党的十五大提出的"依法治国"基本方略，就是要求通过确立法律权威，按照民主程序制定法律和确保法律内容体现正义，并依此管理国家的政治事务、经济事务和社会事务。

四川省地震后的灾后重建工作是对依法治国理念的实践，要建设社会主义法治国家，就需要充分发挥法治在促进、实现、保障社会秩序和发展方面的重要作用。《司法部、全国普法办关于加强抗震救灾和灾后恢复重建法制宣传教育工作的意见》明确指出，要充分发挥法治在抗震救灾斗争中的作用，努力实践依法治国基本方略，为有力、有序、有效开展地震灾后恢复重建工作，积极、稳妥恢复灾区群众正常的生活、生产、学习、工作条件，促进灾区经济社会恢复和发展提供有力保障。法治理念指引下的依法重建，深刻地反映了灾后重建的历史条件和社会现实。依法重建踏出了从法治思想到法治实践的重要一步，四川省灾后依法重建的宝贵经验将成为今后经济发展、建设社会的重要经验指引。

二、用制度绘就法治蓝图

（一）多元化制度保障

依法重建要求率先搭建灾后重建的法律制度平台，通过《汶川地震灾后恢复重建条例》等行政法规和《国务院关于支持汶川地震灾后恢复重建政策措施的意见》《国务院关于做好汶川地震灾后恢复重建工作的指导意见》等文件和相关政策，为指导灾后重建工作铺平了道路。

以国家制定的各项灾后重建法规、政策为依据，各地方政府逐一通过制度细化进一步予以落实。在受灾严重的绵阳市，2008年6月3日，市政府即制发了《绵阳市灾后重建规划工作方案》，明确提出了灾后重建的工作重点、主要措施和任务分工。有关部门还就税收减免、重建用地、受灾失业人员就业、司法救助、抗震救灾和灾后重建款物管理、基层自治和社区建设、干部选派管理等方面，出台了一系列具体政策措施保障重建政策的落实。在震中所在地阿坝州，考虑到应急抢险和灾后重建工作的现实需要，州人大常委会果断决定对五年立法规划和年度立法计划做出调整，把制定《阿坝藏族羌族自治州突发事件应对条例》纳入规划、计划。经过反复整理修改，最终制定了一部包括预防与应急准备、监测与预警、应急处置与救援、事后恢复与重建等内容的自治条例。该条例从制度上对全州的灾后重建工作进行了规范，提高了政府应对灾后重建工作的能力，加大了政府部门间的协调力度，进一步对人、财、物进行合理调配，促进了灾后重建工作的规范化、制度化和程序化，得到了来自各个方面的高度肯定。而在受灾较为严重的彭州市白鹿镇，彭州市人民政府在灾后迅速做出反应，根据受灾地特点制订专项重建规划《彭州市白鹿镇产业总体规划（2009—2015）》，从政府层面为灾后重建做出了指导，实现了白鹿镇由农业小镇向文化旅游小镇的成功转型，为受灾地区人民的生活来源提供了保障。

图 11-1　灾后重建越王楼（图片来源：绵阳市人民政府官网）

（二）多领域制度建设

法治化的灾后重建工作体现在多个方面。在立法层面上，四川省在国家相关法律、法规的基础上，对涉及灾害应对与灾后重建的相关法律法规细化并结合实际进行地方立法跟进，如《四川省人民代表大会常务委员会关于批准〈北川羌族自治县非物质文化遗产保护条例〉的决定》《阿坝藏族羌族自治州突发事件应对条例》《阿坝藏族羌族自治州生态环境保护条例》等。同时，各级党委政府出台了数量众多的通知、指导意见等规范性文件，根据灾后重建的客观需要务实地指导和推动灾后重建工作。

图 11-2　阿坝州灾后重建（图片来源：阿坝州人民政府官网）

在重建管理制度方面，四川省制定了《恢复重建工作总体方案》《灾后重建国家投资工程建设项目招标工作的实施意见》《灾后重建政府投资交通项目实行代建制管理的实施意见》等规章和制度文件，对灾后重建工作的具体执行起到指引作用。在民生保障方面，各级政府出台了关于地质灾害防治、受损房屋建筑安全鉴定及修复加固拆除、土地权益保护、困难群众生活救助、重建就业援助和社会保险、受灾群众安全过冬、医疗卫生防疫工作等方面的规章和政策文件，在稳定灾区民心、改善民生上起到了很好的效果。在对口援建方面，各地相继制定了不少科学、规范、操作性强的制度性、规范性文件，如《地震灾后恢复重建对口支援实施办法》《对口援建恢复重建项目管理办法》《对口援建资金管理办法》等，保证了援建工作的顺利、有效、有序开展。在干部选任方面，各地结合灾后重建实际，制定相应的干部选拔任用配套制度和管理办法，保证了灾后重建基层干部队伍发挥先锋模范作用。在作风管理方面，各地高度强调严肃组织纪律，用制度规范约束干部作风，如出台《灾后重建干部定点联系村管理办法》《关于干部职工工作动态实行周报制度的通知》等，确保灾后重建各项任务落到实处。在社会组织、人员管理方面，各地先后制定实施了《大（中专）学生村（社区）干部管理办法》《志愿者管理办法》等。四川省第十一届人民代表大会常务委员会第十一次会议还通过了规范志愿服务的《四川省志愿服务条例》。在精神家园建设方面，出台了《关于加强地震灾区精神家园建设的意见》等，坚持把灾区精神家园建设作为加快建设灾后美好新家园的重要内容，强调对灾区干部、遇难学生家长、地震伤残人员、灾区群众、"三孤人员"的关爱，实现和谐重建。

三、依法行政保障灾区重建

在灾区重建工作中实现了行政方式的转变，灾区各地坚持依法行政、民主行政，努力推进法治政府建设。各级政府进一步强化法治意识、责任意识、服务意识，扎实推动"五五普法"与灾后重建的衔接，深入推进法治化服务型政府建设。在依法行政的作风建设上，灾区各地汇聚各方力量，及时调整工作，狠抓行政纪律教育、作风教育，在灾后重建工作中坚决杜绝"门难进、脸难看、话难听、事难办"的现象，全面督查干部在依法行政过程中的作风转变，有力地促进了各级干部全力投入和支持灾后重建。

（一）严格履行法律程序

灾后重建是一项惠及千家万户的民生工程和生命工程，必须按照法定程序规范操作，决不能为了抢进度而省略必要的审批程序，违规操作。因此，即使面对繁重的工作与复杂的程序，灾后重建项目也必须严格贯彻国家和省的相关政策、法规。在项目前期工作上，项目选址意见、规划许可、环境评价、土地预审、节能减排、项目可行性研究文本准备等一项都不能减；在审批环节上，仍然按照省正式文件批准的项目按程序进行审批实施；在管理服务上，按要求做好项目的日常管理，依法依规推进项目建设。程序严格的重建方略为重建工作高质量地开展提供了有力的保障。

为进一步强化相关办事人员依法办事的法律程序意识，一些地方组织行政人员学习相关的法律制度规范，积极收集整理形成了《"5·12"震后恢

复重建文件选编》，印发到相关单位和人员，确保国家、省、市的相关政策文件能够得到不折不扣的贯彻落实，促使各级行政工作人员和建设项目工作人员做到有法可依，严格灾后重建的各项程序，主动接受监督，及时发现并汇报协调问题，按照要求进行整改，确保灾后重建工作的质量和廉洁。

为实现"三年重建任务两年基本完成"的目标，就必须依照"程序不减，周期缩短"的要求。在严格依法按程序处理重建工作的同时在各环节提高熟练度抢时间。为此，灾区各工作部门按照重建项目的客观情况，对每一个工作环节做好详细研究，反复商讨出最高效的问题处理方式。强化各部门之间的协调联动，实现专事专办、特事特办，工作衔接无真空的目标，采用分头跑、人盯人等战术，在审批环节"抢"时间，在"快"字上做文章，尽最大努力节约审批时间，为项目早日开工建设赢得先机。

（二）以行政法治为目标

依法重建切实转变了政府职能，推动了行政管理机制创新，加大了监督检查力度，规范了行政执法行为。政府的行政监督工作进一步得到强化，依法行政的意识和水平不断提高，灾区各地向行政法治的目标迈出了坚实的一步。

为保障灾后重建行政法治目标的实现，四川省人民政府及时制定了《关于预防和处置地震灾害恢复重建中行政争议的指导意见》，要求各级行政机关在灾后恢复重建工作中，坚持依法行政、依法重建；明确规定各级行政机关要按照法定职责、权限、程序履行行政管理职权，遵守行政法定程序，慎重采取强制措施，确保行政行为合法有效和行政权力规范运用。同时，充分调动各方面的积极性，采用多渠道、多元化的模式妥善化解各类行政纠纷，维护社会稳定，避免因侵犯公民、法人或者其他组织的合法权益引发新的行政争议。

明确各级政府、部门间在重建中的职能分工，基本实现了政企分开、政事分开、政资分开，政府与市场、政府与社会的关系基本理顺。初步形成了行为规范、公正透明、廉洁高效的行政管理体制和权责明确、程序规范、监督有效、保障有力的行政执法体制；法律、法规、规范性文件在灾后恢复重建中得到正确贯彻落实，法治秩序加强，公民、法人和其他组织的合法权益得到有力保障，行政违法行为得到较快纠正、制裁，经济社会秩序得到有效维护，政府应对突发事件和风险的能力明显增强；通过灾后重建，全省灾区各级行政机关领导、基层工作人员依法行政观念得到提高，尊法、崇法、守法的氛围初步形成。依法行政的能力有效增强，能够较为准确、灵活地运用法律手段处理经济、文化和社会事务，能够依法妥善处理各种社会矛盾，明显加快了全省行政法治建设的步伐。

图 11-3　什邡市红白镇重建风貌（图片来源：解放军新闻传播中心，https://baijiahao.baidu.com/s?id=1600167670664405064&wfr=spider&for=pc）

四、依法重建的价值追求

（一）努力实现社会公平正义

公平正义是古往今来人们衡量理想社会的标准之一，也是人类社会发展进步的重要价值取向。灾后重建服务的目标是灾区，是灾区的人民群众。要衡量灾后重建成功与否，就需要衡量灾区、灾区的人民群众的根本利益是否得到维护，是否实现了公平正义。

灾后重建以依法重建为基本原则，始终把解决民生问题放在最根本、最重要的位置予以优先考虑和安排，大力开展制度建设，显著提高了灾后重建实现公平正义的制度保障力度。同时，在依法重建原则保障下的灾后重建，充分妥善地协调了受到地震灾害影响的各种社会利益关系，有效地化解了不利于社会稳定和发展的各种社会矛盾，切实维护了灾区群众的权利公平、机会公平、过程公平和结果公平，确保了灾区社会实现正义。

从灾后重建的社会效果来看，依法重建保护和调动了受灾群众重建家园的主人翁精神，促使政府关注民生，尊重民意，坚持把安民、便民、助民放在重建的首位，将民生优先与统筹发展有机地结合起来。灾区各地一方面坚持优先建设群众最关心、最急需、受惠最明显的教育、医疗卫生、社会福利等公共设施建设，实施民生工程，使灾区公共服务设施水平跨越了20年左右。另一方面，把产业、就业、扶贫开发结合起来，统筹考虑区域发展，加快就业保障服务平台建设，提高扶贫开发的工作效率，统筹做好养老、医疗、失业等各项社会保障和社会保险工作，加快构建城乡一体的公共服务体系，全力营造安定和谐的发展环境，切实保障了灾区社会公平正义目标的实现。

（二）着力保障人民基本权利

最大限度地保障人民利益是灾后重建工作的核心。在灾后重建的过程中，灾区牢固树立"抓恢复重建就是抓发展"的理念，始终坚持发展第一要务不动摇，为民生恢复重建提供坚实的基础。各级党委政府始终把人民利益的保障作为头等大事，从各个方面来维护和保障人民群众的权益。

在政策制定方面，积极制定、完善灾后重建工作中保护人民群众权益的各项政策。各地劳动保障部门根据《中华人民共和国就业促进法》和国家、四川省的有关政策文件，制定完善了一系列促进灾后重建就业的具体措施：加强就业工作的组织领导和指导协调；促进农民工稳定就业，切实解决失业返乡农民工的就业问题；做好减轻企业负担的工作，稳定就业局势；加强普通高等学校毕业生就业，做好困难家庭高校毕业生就业援助工作；强化职业技能的提升培训；促进城镇低收入群体、被征地农民等重点群体就业等，形成了灾后重建就业政策体系，为灾后重建的就业工作打开了良好的局面。

在政策执行方面，坚持始终按照"以人为本"的理念来谋划和推进灾后重建政策的执行。各地的地勘单位和国土部门在灾后重建的过程中加大了对地质灾害点的"拉网式"排查，认真编制预案，落实防灾措施，加强实战演练，加强地质灾害群测群防网络建设，将让村民知道灾害发生时如何撤离的地质灾害防治"明白卡"发到村民手中，规划搬迁受地质灾害隐患威胁的农户，加快推进灾毁耕地复垦，努力改善农村耕地质量，保障了受灾群众尽快恢复正常的生产生活秩序。绵阳市在组织唐家山堰塞湖泄洪时，还按照灾区困难群众生活救助的标准，对泄洪区内转移的群众给予了补助，有效地维护了群众的利益。

强化尊重民众意愿与民众参与，通过村党支部民主提议、村两委会民主商议、党员大会民主审议、村民代表或村民大会民主决议这"四议"，和村民大会、民主大会决议公开、实施结果公开这"两公开"，自觉接受党员、群众的监督，实现"民事民议民定"，最大限度地尊重群众意愿、维护群众利益、发挥群众主体作用，激发群众建设灾后新家园的热情。2010，"四议两公开一监督"的农民基本权益维护模式已经在全省推行。①

灾后重建尊重和保障人民群众基本权利的方式还表现在，完整地实现了党的十七大报告中强调"扩大人民民主，保证人民当家作主"和"保障人民的知情权、参与权、表达权、监督权"的要求。②灾后重建通过大力宣传和全面公开，使群众和各社会组织能够实时了解灾后重建工作的执行和进展情况；灾后重建通过畅通渠道和创新形式，保证人民群众和各种社会组织依法参与管理灾后重建各项工作的权利；通过拓展途径和搭建平台，保证了人民群众和各种社会组织依法自由表达对灾后重建工作意见的权利，通过监督机制的完善保证人民群众和各社会组织可以对灾区重建中政府工作人员进行有效的社会监督，实施批评、建议、控告、检举的权利。保障公民"四权"，扩大公民有序政治参与，灾后重建这块"试验田"，结出了丰硕的成果。

（三）实现发展成果人民共享

从灾后重建的实际情况来看，依法重建充分体现了发展成果共享这一理念：

---

① 在创先争优中提升基层党建科学化水平，http://www.sc.gov.cn/10462/10797/2011/8/22/10176
884.shtml?cid=303.
② 胡锦涛. 高举中国特色社会主义伟大旗帜　为夺取全面建设小康社会新胜利而奋斗——在中国共产党第十七次全国代表大会上的报告[R]. 北京：人民出版社，2007：29.

首先，《汶川地震灾后恢复重建条例》确立的对口援建机制，统筹了全国人民的财力、物力和人力帮扶灾区，在立法上保障了灾区人民共享改革发展成果的机制和体制；其次，灾后重建作为一项庞大的社会工程，依法行政得到了充分的贯彻落实，行政执法的水平得到了显著的提升，执法为民在目标上体现了发展成果人民共享的要求；再次，灾后重建的特殊司法措施保障了灾区群众自力更生、接受援助、谋求发展的道路，为社会财富的增加提供了强有力的保障，为整个社会的和谐进步打下了坚实的基础；最后，灾后重建所体现出来的社会主义核心价值观充分验证了发展成果由人民共享不但在理论上行得通，而且在实践上做得到。

五、将权力关进制度的笼子

灾后重建强调维护群众权利，用人民群众的权利保障来规范、约束权力的运用，将"权利制约权力"摆在了十分重要的位置。依法灾后重建有着完善的公权力监督体系，以防止在灾后重建的过程中群众权利受到公权力的过度干预，有碍于群众基本利益的维护和灾后重建发展。

（一）强化权利制约权力

通过广泛搜集群众意见的方式使得灾后重建发展符合群众的意愿，灾区非常重视重建规划制订过程中群众的意见。以德阳市为例，在重建城镇规划制订与实施过程中，按照"政府组织、专家领衔、部门合作、公众参与、科学决策"的要求，依法认真做好了公众参与相关工作。一是重建城镇规划

报送审批前，组织编制机关依法将规划草案在当地主要媒体和公众场所予以公告，并采取论证会或其他适当方式广泛征求专家和公众的意见。二是重建城镇规划依法批准后，组织编制机关及时向社会公布，特别是部分前期公众参与重建总体规划不够的地方更要加强此项工作。三是依法批准而确需修改的重建城镇规划，按照法定程序和要求进行公开。通过建立健全规划批前公告、批后公布、修改公开等重要管理环节的公众参与机制，增强重建城镇规划决策的民主性和规划实施的可操作性，确保了行政权力的合法、合理运用，确保了行政权力服务于群众的诉求。

灾后重建的动态实时通告给群众和各社会组织对灾后重建工作实时监督创造了条件，体现为社会监督和自我监督的结合。具体表现为，除了专门机构的监督、部门的监督之外，还广泛融合了民主监督、社会监督、公民监督和舆论监督。这充分反映出国家机关和国家工作人员接受人民群众的监督是一项法定的义务，而社会组织和人民群众依法对灾后重建工作中的国家机关和国家工作人员具有法定的监督权利。灾后重建所体现出的权利对权力的监督，在深度和广度上都提升到新的水平。

（二）强化权力服务权利

灾后重建的过程是行政权力在人民权利指引下建设灾区的过程，灾后重建将权力的使用与依法治理有机地结合起来，灾区各级政府依法行使的权力坚定不移地牢牢贯彻了群众利益是灾后重建的出发点和落脚点的最高原则。在灾后重建工作中，灾区自始至终遵循"一切为了群众"的宗旨，坚持把群众利益放在首位，充分尊重民愿、体现民意、集中民智，怀着深厚感情开展群众工作，切实维护群众合法权益，激发灾区广大干部群众的积极性、主动性和创造性，最大限度地保障人民群众的根本利益，使受灾群众对各项重建工作感到满意，使受灾群众在灾后重建中得到实惠。

（三）强化监督体制的完善

灾区各级党委政府为确保灾后重建监督检查工作落到实处，按照中央"向群众交一本明白账"和省委"公告天下、取信于民"的要求，坚持依法重建、阳光重建、廉洁重建，把监督检查工作作为整个灾后重建的重要组成部分，以项目管理、质量安全、资金监管为抓手，通过以下几个方面，构建了完善的监督体制：

第一，强化组织保障，完善监督管理体系。省政府成立了灾后恢复重建资金平衡协调小组和重建资金监管领导小组，统筹平衡全省恢复重建资金安排，组织领导重建资金监管工作。

第二，强化制度保障，完善监督管理规范。针对灾后重建资金量大、项目多、时间紧的特点，灾区各地紧紧抓住资金拨付、管理、使用、项目招投标、工程质量等重点环节，先后围绕援建项目资金、捐赠资金物资、"特殊党费"、国家投资工程建设项目等，全面、逐一制定了规范性的管理文件，进一步明确监督检查要求，细化了监督检查内容和方式，完善了监督检查的流程，使监督检查工作做到有章可循。

第三，强化措施保障，完善监督管理机制。加强资金预算管理制度，做到详细登记，按时报告。各级纪检、监察、审计、财政部门密切联系，形成监管合力，加强对重建资金的筹集、分配、使用、绩效的监察、审计，实行全程跟踪检查。突出监管重点，加强对学校、医疗卫生机构、城乡居民住房恢复

重建等公益性和民生工程的监管。①加强信息公开，通过政府门户网站等公开信息发布平台，及时、全面公开资金管理使用情况，主动接受社会监督。

（四）强化社会安定环境

回顾四川抗震救灾的成功经验，团结的社会氛围、安定的社会环境构成了灾后重建坚强有力的支撑。在灾后重建的过程中，维护灾区的社会政治大局稳定、社会治安秩序平稳是不可动摇的信念。灾后重建的总体社会形势是好的，但影响灾后重建社会安定的因素大量存在，维护社会安定的治安管理工作任务艰巨而繁重。基于这一背景，灾区干部群众始终坚持"稳定压倒一切"的工作方针不动摇，切实增强工作的责任感和使命感，进一步强化政治意识、职责意识和全局意识，把维护稳定工作作为灾后重建的一项重要政治任务摆上议事日程。坚持一手抓好灾后重建，一手抓好社会稳定，不断巩固、提高、发展灾区安定团结的大好局面，为灾后重建工作的有力、有序、有效开展创造了和谐稳定的社会环境。

灾后重建在社会矛盾化解方面狠下功夫，将法治为民作为灾后重建的重要基石，通过各种形式的法治途径，努力把矛盾解决在基层、解决在初始阶段、解决在萌芽状态。在灾后重建的过程中，建立一支政治上强、作风上正、工作上实、纪律上严的干部队伍，深入群众，了解群众在重建过程中的困难与迫切诉求。及时妥善处理不同时期涉及群众利益的问题，及时调整工作措施。严厉打击各种违法犯罪活动，不断增强人民群众的安全感，确保灾区社会秩序稳定、群众民心安定，为灾后重建提供了非常有利的社会环境。

---

① 高仁权. 锻炼审计队伍　提升审计能力　确保灾后恢复重建顺利推进[J]. 现代审计，2010（3）：4.

第十二章

中国（四川）自由贸易试验区建设的四川范本

党的十九大报告指出，全面依法治国是中国特色社会主义的本质要求和重要保障。中国（四川）自由贸易试验区（简称"四川自贸试验区"）自挂牌以来，坚定贯彻落实党的十九大精神和习近平总书记对四川工作的重要指示精神，以制度创新为核心、坚持法治导向、强调立法先行，把立法作为四川自贸试验区法治环境建设的重要环节，着力提升四川自贸试验区的法治化水平。

图 12-1　中国（四川）自由贸易试验区

一、四川自贸试验区法治建设的重要创新

党的十八届四中全会指出："社会主义市场经济本质上是法治经济。使市场在资源配置中起决定性作用和更好发挥政府作用，必须以保护产权、维护契约、统一市场、平等交换、公平竞争、有效监管为基本导向，完善社会主义市场经济法律制度。"四川自贸试验区建设充分贯彻党中央和四川省委关于依法治国、依法治省的要求，改革创新和法治建设两手并重，主动运用法治思维和法治手段推进自贸试验区的各项工作，经过数年的努力，四川自贸试验区法治化程度显著提升、制度竞争力显著增强、营商环境各项指标名列前茅，累积了非常丰富的立法素材，取得了一定的立法成果。

（一）法律制度规范体系初步形成

四川自贸试验区建设深入贯彻习近平总书记系列重要讲话精神和治国理政的新理念新思想新战略，注重立法先行，做好顶层设计，充分发挥立法在改革创新中的保障和推动作用。以《中国（四川）自由贸易试验区总体方案》为首，制定《中国（四川）自由贸易试验区建设实施方案》《中国（四川）自由贸易试验区管理办法》和《中国（四川）自由贸易试验区"证照分离"改革全覆盖试点实施方案》等规范性文件，逐步构建了结构清晰、规范完善的规范体系，高标准、高起点地用完备、严格的制度规范推动试验区建设，实现了"重大改革于法有据"。

（二）现代政府治理能力逐渐增强

提高政府治理能力、实现治理体系现代化是四川自贸试验区法治环境建设的重要环节。四川自贸试验区以"放管服"改革为抓手，着力推进政府治理法治化。根据四川发布官方公众号提供的数据，2017年12月21日首批33项省级管理权限已下放到自贸试验区各片区，"首次进口非特殊用途化妆品行政许可"等99项"证照分离"改革试点有序推进。成都片区设立城市管理和市场监管局，将城市管理、工商行政管理等领域的行政处罚权相对集中；川南临港片区成立行政审批局，集中办理行政许可371项，审批效率提高80%，16个市场监管部门进驻"事中事后综合监管"平台。双流、青白江区"企业投资项目承诺制"改革试点积极推进，项目开工前审批时间由197天缩短为60天。

（三）多元纠纷解决机制臻于完善

四川自贸试验区积极争取最高人民法院对法治环境建设的关注和支持，通过多方努力，设立四川自贸试验区人民法院，组建适应自贸试验区建设和发展的司法队伍，构建适应解决自贸试验区矛盾纠纷的审判机制。多个机构先后落户四川自贸试验区，就近为四川地区企业提供国际标准、优质高效、公平公正的仲裁服务，极大地提升了四川自贸试验区营商环境国际化、法治化、便利化水平。此外，四川自贸试验区还打造了集调解、仲裁、公法检、律师公证等综合法律服务为一体的O2O法律协同服务平台，探索建立纠纷多元化解决机制、调解与仲裁和诉讼的对接机制、跨境纠纷协同解决机制。

（四）诚信守法社会氛围日渐浓厚

四川自贸试验区采取省市共建的办法，升级公共信用信息共享平台，共建社会信用评价体系，完善守信激励和失信惩戒机制，实现信用信息"一站式"查询服务，探索对失范失信、违法违规的单位和个人实施联合惩戒，显著提高了区内社会诚信水平。四川自贸试验区本着"有所为、有所不为"的原则，在加强管理体制建设的基础上，进一步放宽市场社会组织的准入条件，积极培育市场中介组织，逐渐将政府"不该做、做不好、做不了"的事放手给社会，减少对经济运行的直接干预。此外，四川自贸试验区还通过互联网、信息平台、传统媒体等多种媒介渠道，及时宣传普及自贸试验区相关法律法规，培育法治文化，增强社会法治观念，积极营造有利于自贸试验区改革创新的法治环境。

二、四川自贸试验区法治建设面临的主要问题

尽管经过大刀阔斧的简政放权、放管结合改革，四川自贸试验区法治环境建设成绩斐然，但因挂牌时间不长，各项工作仍处于起跑阶段，面临的诸多困难和问题亟须通过立法方式克服体制机制障碍予以化解。

一是制度供给仍需进一步加强。四川自贸试验区制度框架主要依托《中国（四川）自由贸易试验区管理办法》构建而成，但该管理办法为省政府规章，法律效力位阶较低、调整对象范围较窄、法律保障手段有限，对于企业

急需的一些法治项目没有提供到位，推进贸易发展相关制度建设力度不够。许多有关自贸试验区经济和企业发展的制度还主要以政策意见等规范性文件为主，以立法保障的方式的规章数量还明显不足。大量措施集中于行政审批制度改革，侧重于增加企业登记数量和投资金额。

二是治理法治化水平有待提升。四川自贸试验区的既有改革措施主要集中于企业登记环节，侧重于引入资金和项目，缺乏对企业成长、发展和壮大所需环境的关注，存在一定的招商引资路径依赖。监管服务改革措施主要集中在行政审批领域，侧重于政府自身的能力建设，对自由贸易所需的多元治理着力不足，对企业创新能力培育等方面涉及较少。

三是既有法规的边际绩效递减。既有改革措施主要是通过"政策盘存"并依赖对原有贸易投资体制实施"初次改革"实现的。然而，随着自贸试验区建设所需体制改革进入深水区，显性贸易投资资源开发效益降低，隐性贸易投资阻碍难以突破，贸易投资制度变革困境日益显现，既有的促进政策和法规产出改革"增量"越发困难，自贸试验区建设的改革制度绩效有出现边际效益递减的隐忧。

三、其他贸易试验区法治建设经验考察

虽然发展定位和改革方向各有侧重，但各自贸试验区均高度重视并切实加强地方立法在全面推进自贸试验区建设和发展中的保障作用，形成了若干值得借鉴的经验。

一是以地方立法推动法治体系化。高度重视顶层设计，发挥立法的引领、推动、规范和保障作用，是自贸试验区建设的普遍性做法。例如，广东

自贸试验区在制度创新方面采取"条例+办法+指引"的梯次格局构建了系统化、体系化的规则体系，形成了《中国（广东）自由贸易试验区条例》和《深圳经济特区前海深港现代服务业合作区条例》为第一层级、广东省政府和深圳市政府的各种政府规章为第二层级、自贸试验区制定并发布的行业指引为第三层级的层次分明、体系完善的自贸试验区制度构架。

二是以地方立法激励改革差异化。各自贸试验区按照中央的部署和要求，结合战略定位和地区优势进行法治建设，做法和经验特色鲜明。例如上海自贸试验区的法治建设始终围绕贸易便利化、投资便利化、金融改革创新、事中事后监管等主题展开，突出"建设成为具有国际水准的投资贸易便利、货币兑换自由、监管高效便捷、法治环境规范的自由贸易试验区"的战略定位，因此，形成了"负面清单管理模式""准入前国民待遇+负面清单"管理模式等典型做法。广东、天津、福建三个自贸试验区则根据"地缘"优势与战略定位，法治建设突出实施粤港澳服务贸易自由化、京津冀协同发展战略、涉台投资贸易和两岸金融合作等特色。

三是以地方立法引导司法专业化。依法化解自贸试验区建设中的矛盾和纠纷，及时回应社会需求，正确处理维权和维稳的关系，是自贸试验区建设的另一重要经验。各自贸试验区普遍借鉴国际通行规则，加强纠纷解决机制的专业化建设。其中广州自贸试验区、四川自贸试验区设立了自贸试验区法院，广州自贸试验区成立了专门的自贸试验区检察院，其他自贸试验区（片区）大多成立了自贸试验区法庭、自贸试验区检察室，为自贸试验区建设和发展提高专业化的司法保障。此外，上海市针对自贸试验区刑事犯罪的特点和规律，专门出台了涉自贸试验区刑事案件法律适用指导意见，统一涉自贸试验区刑事案件办理刑事法律适用的标准，对自贸试验区建设中的金融犯罪等突出的经济犯罪提出办案指导，有力地维护了自贸试验区公平竞争、诚实守信、和谐共赢的良好氛围。

四、进一步提升四川自贸试验区法治建设质效

四川自贸试验区建设既有经验证明，健全、科学的制度体系是贸易投资体制改革的基础内容和必要保障。只有通过清晰、完备、科学的制度，才能更新国际贸易投资发展方式，提升贸易投资资源利用效率，积极治理国际贸易投资市场环境，在多方经济交往的集体行动中规范、约束和协调各方行为，尊重和维护各方利益，实现贸易投资活动参与者的互利共赢。为此，建议加强四川自贸试验区地方立法供给，进一步优化四川自贸试验区法治环境。

（一）更新立法理念

自贸试验区地方立法的目标是加强法治环境建设、优化营商环境，因此在理念上必须强调立法是自贸试验区法治环境建设的重要环节，自贸试验区地方立法应当融入并服务于自贸试验区营商环境建设。因此，自贸试验区地方立法必须在整合既有规范制度、实践举措的基础上实现立法理念的三个转移：一是规范环节转移。既有制度建设措施主要集中在投资和贸易促进环节，侧重于采取降低投资门槛、提供优惠条件等措施吸引资本进入。而营商环境包括资金进入、企业设立、资金融通、成长壮大、贸易便利等一系列的环节和维度，具有持续性和多维性，法治建设和制度供给不能主要局限在降低门槛、提供便利服务方面，而更应强调通过制度建设培育市场和提升监管，增强综合竞争能力。二是规范对象转变。既有制度建设举措侧重于促进投资、增加企业数量，规范改进的目标是"资"，重点是引进资金这一生产要素，因此制度设计强调为吸引更多的资本进入提供条件和机会。立足于营商环境视角来看，自贸试验区法治建设针对的是"商"，重点是通过法治建设、制度设计实现各种生产要素的高效配置，不仅要为资金引进提供机会和条件，更为技术创新、人才培养、贸易便利、企业发展壮大等提供便捷透明的制度框架、廉洁高效的监管机制和有序竞争的市场环境，充分发挥市场对生产要素配置的决定作用，在根本上增强本区域或本经济体对资本、人力资源、高新技术和信息的吸纳能力。三是规范维度切换。包含于营商环境范畴下的法治环境建设，还应包括法律制度、监管体制、市场环境、社会秩序和文化氛围在内的综合场景。因此，营商环境视阈下的法治环境建设和优化，也不能简单理解为为企业设立、贸易便利提供各种便利和服务，而更应当从制度构建、监管优化、市场维护、社会治理、文化培育等多个维度培育出有利于企业发展、商业发达、贸易便利的法治氛围，从而最终达成本地区或本经济体人民幸福、经济发展、社会进步和文化昌盛的目标。

（二）加强制度供给

自贸试验区的核心任务是制度创新，因此立法对自贸试验区法治环境乃至自贸试验区建设均具有重要作用。应当以地方立法为龙头和抓手加强制度供给，把行之有效的政策和做法法定化，探索和累积自贸试验区地方立法的"四川经验"。一是升级自贸试验区法规的位阶。四川省应积极行使地方立法权，加快制定《中国（四川）自由贸易试验区条例》，对自贸试验区建设所需要的管理体制、投资促进、贸易便利、检验检疫、知识产权保护、金融服务、社会支持、法治建设等各项内容作出全面规定，夯实四川自贸试验区的法治基础。二是完善自贸试验区法规的体系。应当以《中国（四川）自由贸

易试验区条例》为基础，对既有的自由贸易试验区建设制度体系进行改造，在整体上树立自贸试验区建设的"二次改革"理念，将目前的"试验性改革""碎片化创新"提升到"长期性开放"和"系统化治理"水平，发挥制度规范的引导和保障作用，形成自贸试验区建设的制度高地。三是丰富自贸试验区法规的维度。从要素、机制、内容、保障等方面全面梳理自贸试验区建设所要求的制度环境，注重从企业、企业家、消费者、市场和社会公众获取信息和答案，强化调研、分析、评价、论证，找准关键困难，为自贸试验区建设提供具有针对性、适应性、高效性、完备性的高规格制度供给，创新方式着力解决制约自由贸易发展的体制性障碍、结构性矛盾和程序性问题。

（三）提升治理能力

监管和服务能力建设是自贸试验区法治环境建设的重要方面，是促进贸易便利、商业发展和企业壮大的关键环节。因此强化治理能力建设是自贸试验区地方立法的重要内容，地方立法需要破除既有不科学不合理的制度约束，以立法促改革，一是建设和提升监管服务能力。经济发展类似自然现象，是一个有其自身演变和发展规律的生态系统，政府的作用主要通过自身监管能力的提升和服务水平的改善，间接促进各生产要素配置的效率，最终促进经济发展。因此，政府在优化营商环境中的主要职能应当是完善基础设施建设、规范市场竞争秩序、提高政策的执行效率和契约的兑现能力，减少审批事项、审批时间、审批环节，把政府不该管的事让渡给企业、市场、社会组织和中介机构，更大限度地发展市场在资源配置中的基础性作用。二是培育和发展市场社会组织。应本着"有所为、有所不为"和"精简、放权、效能、服务"的原则，进一步加快政府职能转变和简政放权步伐，把政府"不该做、做不好、做不了"的事项通过购买服务等方式放手给社会，减少对经济运行的直接干预，彻底切断市场社会组织与行政部门间的依附关系。政府要在加强管理体制建设的基础上，进一步放宽市场社会组织的设立和准入条件，让更多的社会力量参与竞争，实现市场社会组织的优胜劣汰，提升市场社会组织的整体素质和服务能力。三是宣传和落实法律政策规定。四川自贸试验区获批设立以来，四川省立即制定了管理规章和实施方案，相关部门相继出台了一系列政策措施，但这些法律规定和政策措施的落实距离预期目标仍有较大距离，其部分原因在于政策的制定和落实之间存在信息不对称的问题。相关部门应该建设信息发布平台，采取多种方法让参与方能够及时了解政策、利用政策。同时，更应强化政策落实，改善金融、科技、信息服务，引导企业加强技术革新，改善经营水平，鼓励合作创新，增强企业生存能力和发展能力。

参考文献

一、期刊类

杜辉，2019. 面向共治格局的法治形态及其展开[J]. 法学研究 (4).

郭晔，2020. 法理：法实践的正当性理由[J]. 中国法学 (2).

胡玉鸿，2018. 新时代推进社会公平正义的法治要义[J]. 法学研究 (4).

李林，2019. 新时代坚定不移走中国特色社会主义法治道路[J]. 中国法学 (3).

李少平，2015. 全面推进依法治国背景下的司法改革[J]. 法律适用 (1).

郑成良，2014. 司法改革四问[J]. 法制与社会发展 (6).

郑泰安，郑文睿，2017. 地方立法需求与社会经济变迁——兼论设区的市立法权限范围[J]. 法学 (2).

周世中，周守俊，2012. 藏族习惯法司法适用的方式和程序研究——以四川省甘孜州地区的藏族习惯法为例[J]. 现代法学 (6).

二、图书类

方芸，2018. 立法模式构建视阈下银行重整法律制度研究[M]. 北京：中国社会科学出版社.

侯水平，2017. 中国宗教财产制度研究[M]. 北京：宗教文化出版社.

侯水平，2018. 中国民法总论[M]. 北京：中国社会科学出版社.

黄泽勇，郑鈜，2017. 灾难应对法律问题研究[M]. 成都：四川人民出版社.

黄泽勇，郑泰安，曹帅，2019. 行政决策与评估正义研究[M]. 成都：四川
　　人民出版社.

季卫东，2014. 通往法治的道路：社会的多元化与权威体系[M]. 北京：法律
　　出版社.

季卫东，2019. 法治秩序的建构（增补版）[M]. 北京：商务印书馆.

蓝冰，2017. 德国民事诉讼法学研究[M]. 成都：四川人民出版社.

徐秉晖，2018. 论经济转型中的中国经济法[M]. 成都：四川大学出版社.

张虹，2017. 公司社会责任研究：基于上市公司控制股东的视角[M]. 北京：
　　光明日报出版社.

张文显，2017. 法治的中国实践和中国道路[M]. 北京：人民出版社.

张志铭，2018. 中国法治实践的法理展开[M]. 北京：人民出版社.

郑泰安，2015. 四川法治发展报告（2015）：迈进制度红利的新时代[M].
　　北京：社会科学文献出版社.

郑泰安，钟凯，钟洪明，等，2019. 证券投资基金法律制度：立法前沿与
　　理论争议[M]. 北京：社会科学文献出版社.

中国社会科学院法学研究所，四川省人大法制委员会，四川省人大常委会
　　法制工作委员会课题组，2015. 中国地方立法实践分析：以四川地方立
　　法为背景[M]. 北京：中国社会科学出版社.

钟洪明，2017. 多层次资本市场改革视域下证券法制重构论纲[M]. 北京：
　　中国法制出版社.

周友苏，2013. 重大公共危机应对研究[M]. 北京：人民出版社.

周友苏，2020. 证券法新论[M]. 北京：法律出版社.

后　记

　　治蜀兴川重在厉行法治。四川省一直将法治建设摆在工作全局的重要位置，突出法治营造环境、助推经济、改善民生、提升理性、创造活力的功能，为推动全省经济社会高质量发展提供坚强有力的法治保障。

　　《四川法治读本》一书作为四川省委宣传部重大委托项目"四川系列读本"之一，从三大版块充分展示四川省的法治成效。第一大版块，聚焦微观法治，涵盖反腐倡廉法治的四川成果、知识产权保护的四川创新、民营经济营商环境法治的四川发展、消费者权益保护法治的四川样态等；第二大版块，透视宏观法治，包括地方立法的四川样本、政府法治的四川实践、司法改革的四川成效、金融法治的四川践行、社会法治的四川范例等；第三大版块，突出特色法治，囊括涉藏地区法治的四川特色、地震灾后重建法治的四川经验、中国（四川）自由贸易试验区建设的四川范本等。四川省在这些领域取得的法治成效，是各方面共同努力的结果，并将继续把治蜀兴川各项事业全面纳入法治化轨道。

　　《四川法治读本》由四川省社会科学院副院长郑泰安研究员担任主编，四川省社会科学院法学研究所党支部书记、副所长郑文睿研究员担任副主编。其中，第一章由李霓、姜芳撰写，第二章由徐秉晖、杨译惟撰写，第三章由钟书慧、盛恩娜、黄泽勇撰写，第四章由李珂撰写，第五章由皮姝愚撰写，第六章由黄泽勇、燕蕊桦、杜义泽撰写，第七章由蓝冰、陈立群撰写，第八章由钟洪明、方芸、杨银撰写，第九章由张虹、廖静怡、张雪琪撰写，第十章由王超、崔文静、叶睿撰写，第十一章由郑鈜、鲁家鹏撰写，第十二章由李红军、皮姝愚撰写。

特别感谢四川省社会科学院原院长侯水平研究员、四川省社会科学院原常务副院长周友苏研究员、四川大学法学院王建平教授、西南财经大学法学院辜明安教授等对本书提出的宝贵的修改意见和建议。还要感谢四川大学出版社编辑陈克坚老师的辛勤付出，其精益求精的态度和严谨细致的作风确保了本书的质量，所提出的修改意见为本书增色良多。四川省社会科学院法学研究所行政秘书高阳和2019级硕士研究生唐铭宗、范时聿、李安晓、谌洁、熊莺、王登立、杜小燕、吴丽梅、李海迪为本书提供了校对、修改等帮助，在此一并致谢。由于编写者水平所限，书中难免有疏漏之处，敬请各位读者批评指正。